本教材受教育部中外语言交流合作中心 2020 年国际中文教育重点项目"国际中文教育教材的研发和课程建设"资助，2022 年度《国际中文教育中文水平等级标准》教学资源建设一般项目"面向零起点汉语学习者的"中文＋医学"系列教材及数字化教学资源建设"资助，项目批准号：YHJC22YB120

我是医学生
I Am a Medical Student

基础医学汉语　课本 3
Preclinical Medicine Chinese　Textbook 3

总 主 编：朱瑞蕾　甄　珍

本册主编：甄　珍

副 主 编：朱瑞蕾　李晓婧

编　　者：甄　珍　朱瑞蕾　李晓婧　张举英　张杏春

北京语言大学出版社
BEIJING LANGUAGE AND CULTURE
UNIVERSITY PRESS

图书在版编目（CIP）数据

我是医学生.基础医学汉语.3.课本 / 朱瑞蕾，甄
珍总主编；甄珍分册主编.—北京：北京语言大学出
版社，2023.1
ISBN 978-7-5619-6183-4

Ⅰ.①我… Ⅱ.①朱… ②甄… Ⅲ.①医学—汉语—
对外汉语教学—教材 Ⅳ.①H195.4

中国版本图书馆CIP数据核字（2022）第205131号

我是医学生：基础医学汉语 课本 3
WO SHI YIXUESHENG：JICHU YIXUE HANYU KEBEN 3

排版制作：华伦图文制作中心
责任印制：周 燚

出版发行：北京语言大学出版社
社　　址：北京市海淀区学院路 15 号，100083
网　　址：www.blcup.com
电子信箱：service@blcup.com
电　　话：编辑部　　　8610-82303395
　　　　　发行部　　　8610-82303650/3591/3648
　　　　　北语书店　　8610-82303653
　　　　　网购咨询　　8610-82303908
印　　刷：北京市金木堂数码科技有限公司

版　　次：2023 年 1 月第 1 版　　印　　次：2023 年 1 月第 1 次印刷
开　　本：787 毫米 × 1092 毫米 1/16　　印　　张：19
字　　数：258 千字
定　　价：85.00 元

前　言

《我是医学生：基础医学汉语》是一套在"中文＋医学"理念指导下，依据《新汉语水平考试大纲》《国际中文教育中文水平等级标准》《医学汉语水平考试（MCT）大纲》编写的综合性医学专用汉语教材。教材重在提高学习者在日常生活交际和医院日常交际场景中运用汉语的能力，同时也注重提升学习者的文化素养和医生职业素质。

本教材主要适用于来华学习基础医学专业的汉语零起点医学生，同时也适用于：（1）来华学习临床医学专业的医学生；（2）来华学习中医学专业的医学生；（3）来华工作的医学专家以及短期研修的医学生；（4）有汉语学习需求的海外医学生。

一、编写理念

本教材将医学专业汉语学习者的日常汉语学习和HSK应考能力提高相结合，将医学专业知识和社会文化知识相结合，以实现汉语、医学和文化相互融合的编写目标。本教材从零起点开始培养学习者的听、说、读、写技能，帮助学习者逐步掌握HSK一至四级所规定的词汇、语言点和话题任务，熟悉《医学汉语水平考试（MCT）大纲》所规定的医学专业词汇、话题和任务，提高在日常生活交际和医院日常交际场景中运用汉语的能力，同时通过汉语学习了解医生的职业特点，感受"医者仁心""医德为先"的高尚情操。

二、教材架构

《我是医学生：基础医学汉语》系列教材包括课本4册、配套练习册4册，每册15课。具体安排如下：

第1册侧重汉语日常交际能力的培养，适度增加简单的医学场景交流。其中，正课前的"汉语拼音"和"拼音练习"部分对现代汉语语音知识进行了集中的讲授和练习，后面的1—5课也对其不断进行复现和强化。完成第1册的学习，学习者汉语水平可以达到HSK二级，能够熟悉常用的医学专业词汇，并进行简单的医学场景交流。

第2册将汉语日常交际能力的培养与医学场景中交流能力的提升相结合，所涉及的交际场景更加多样，交流范围更加广阔，所反映的中国社会文化也更加丰富。完成第2册的学习，学习者汉语水平可以达到HSK三级，医学专业词汇进一步增加，并能进行常见的医学场景交流。

第3册和第4册进一步拓展汉语日常交际的广度和深度，日常交际任务更加丰富；所涉医学场景更加侧重医院常见科室的寻医问诊，医患交流场景更加具体、真实，多是通过专科医生了解常见疾病的症状和治疗方案。完成第3册和第4册的学习，学习者汉语水平可以达到甚至超过HSK四级，能够掌握常用的医学专业词汇，了解常见疾病的基本知识，感受医生的职业特点和高尚情操。

三、教材特点

1. 汉语、医学和文化相互融合

《我是医学生：基础医学汉语》的编写目标包括汉语、医学和文化三个方面。汉语目标是核心目标，主要包括汉语知识目标和汉语技能目标，是实现医学目标和文化目标的基础。本教材是医学专用汉语教材，医学目标包括医学词汇目标、医学场景交流目标和医学文化目标，主要通过营造医学场景的方式实现。文化目标包括知识文化目标和交际文化目标，本教材致力于加深学习者对中国社会文化的了解，提高学习者的跨文化交际能力，促进学习者对多元文化的理解。文化目标的实现依赖于语言教学内容中具体文化目标的完成。汉语目标和文化目标属于中文目标，医学目标属于专业目标，三者完美融合于本教材中。

2. 听、说、读、写并重

本教材是综合性医学专用汉语教材，在语言技能培养方面，听、说、读、写并重。教材每篇课文后的"综合练习"部分针对重点词汇、语法、汉字、句型和课文内容进行反复练习，巩固学习者的语言知识；每课后的"语言任务"部分针对口头表达和书面表达能力设计输出型语言任务，重在培养学习者的语言产出能力。配套练习册除进一步巩固汉语重点知识、强化重点能力培养外，还通过丰富的练习题型，训练学习者解决各种语言问题的应用能力，提高HSK应考能力。

3. 通用和专用大纲兼顾

通用汉语词汇、语言点和话题任务重点参照《新汉语水平考试大纲》，同时参照《国际中文教育中文水平等级标准》，医用专业词汇、话题和任务重点参照《医学汉语水平考试（MCT）大纲》。本教材覆盖《新汉语水平考试大纲》一至四级全部词汇、语言点和话题任务，同时覆盖《医学汉语水平考试（MCT）大纲》一至三级全部话题和任务，以及大部分词汇。

4. 依据试用反馈不断调整完善

本教材在山东大学临床医学专业（外国留学生）已进行了三轮试用，每次试用后我们都会进行教学效果和学生需求的实证研究和分析，根据教师教学反馈和学生学习反馈进行调整和修改。教材试用结果表明，本教材可以有效满足医学相关专业学生日常交流、临床实习、通过HSK四级考试和了解中国社会文化的需要。

除此之外，本教材还在江西中医药大学试用了一个学期，在美国阿拉巴马大学试用了两个学期，都取得了显著的教学效果，并根据试用反馈进行了进一步的调整和修改。

四、编写体例

根据语言学习规律和医学能力培养规律，本教材各册的编写体例略有差异，具体如下：

1. 第1册编写体例

◎课本

《课本1》开篇便针对现代汉语语音基础知识进行了集中的讲授和练习，并在后面的1—5课中不断复现和强化。1—15课每课均由学习目标、热身活动、课文与生词、语言点讲解与操练、综合练习、语言任务等六部分组成。

学习目标：根据课文内容设置语言功能和语言点目标，帮助学习者了解本课的学习重点。鉴于学习者为零起点的外国学生，本部分以英文形式呈现。

热身活动：设置两个问题，引入本课主题，激发学习者对学习内容的兴趣，激活学习者已有的背景知识和相关词汇。问题围绕日常交际话题设计。

课文与生词：每课包含两篇课文，课文（一）和课文（二）均为对话体，以医学生的日常交际话题为主，后期逐渐增加医学场景的交际话题。两篇课文之间注重内容的关联和生词、语法的复现。生词紧扣《新汉语水平考试大纲》和《医学汉语水平考试（MCT）大纲》。

语言点讲解与操练：语言点讲解简洁清晰，例句典型而丰富，同时突出语法格式的归纳、易错点的提醒及近义词的辨析。每个语言点均配有针对性练习。

综合练习：课文（一）和课文（二）后均有紧扣课文内容和知识能力培养的综合练习，前5课主要以"听录音，选出你听到的音节""根据汉字写拼音""朗读语句""完成对话"和"汉字书写"为主，后10课主要以"根据汉字写拼音""朗读语句""替换练习""选词填空""根据课文内容回答问题""根据课文内容填空"和"汉字书写"为主。

语言任务：以现实情景为场景，引导学生完成综合性语言任务，主要包括"阅读理解"和"口头表达"。语言任务以日常交际情景为主，以医学情景为辅。

◎练习册

第1—5课所学习的词汇、语言点和课文相对简单，我们将之融入第6—15

课的练习中。

第6—15课每课包括听力、阅读和书写三个部分。听力部分的练习包括"看图片，听词语，判断对（√）错（×）""看图片，听句子，判断对（√）错（×）"和"听对话，选择正确答案"，阅读部分的练习包括"看图片，并将图片序号填在相关句子后""选词填空"和"选出下列词语在句子中的位置"，书写部分的练习包括"读句子，根据拼音写汉字"和"组词成句"。

2. 第2册编写体例

◎课本

《课本2》每课均由学习目标、热身活动、课文与生词、语言点讲解与操练、综合练习、语言任务、补充词汇等七部分组成。

学习目标：根据课文内容设置语言功能、语言点、医学知识和社会文化目标，帮助学习者了解本课的学习重点。同样，鉴于学习者汉语水平较低，本部分以英文形式呈现。

热身活动：设置两个问题，引入本课主题，激发学习者对学习内容的兴趣，激活学习者已有的背景知识和相关词汇。问题主要围绕日常交际话题和医学话题设计。

课文与生词：每课包含两篇课文，课文（一）和课文（二）均为对话体，以医学生的日常交际话题为主，后期逐渐增加医学场景的交际话题。两篇课文之间注重内容的关联和生词、语法的复现。生词紧扣《新汉语水平考试大纲》和《医学汉语水平考试（MCT）大纲》。

语言点讲解与操练：语言点讲解简洁清晰，例句典型而丰富，突出语法格式的归纳、易错点的提醒及近义词的辨析。每个语言点均配有针对性练习。

综合练习：课文（一）和课文（二）后均有紧扣课文内容和知识能力培养的综合练习，题型主要包括"根据拼音写汉字""辨字组词""替换练习""选词填空""用所给词语完成对话""根据课文内容回答问题"和"根据课文内容填空"。

语言任务：以现实情景为场景，引导学生完成综合性语言任务，主要包括"阅读理解""口头表达"和"书面表达"。语言任务以日常交际情景为主，以医学情景为辅。

补充词汇：补充与本课内容密切相关的医学专业词汇，每课补充4—6个词，每个词配有拼音、英文翻译和图片。

◎练习册

《练习册2》每课包括听力、阅读和书写三个部分。听力部分的练习包括"听句子，判断对（√）错（×）""听对话，选择正确答案"和"听句子，写下你听到的话"，阅读部分的练习包括"选词填空""选出下列词语在句子中的位置"和"阅读语句，选择正确答案"，书写部分的练习包括"读句子，根据拼音写汉字"和"组词成句"。

3. 第3、4册编写体例

◎课本

《课本3》和《课本4》每课均由学习目标、热身活动、课文与生词、语言点讲解与操练、综合练习、语言任务等六部分组成。

学习目标：根据课文内容设置语言功能、语言点、医学知识和社会文化目标，帮助学习者了解本课的学习重点。随着学习者汉语水平的提高，本部分的呈现形式过渡为中文。

热身活动：设置两个问题，引入本课主题，激发学习者对学习内容的兴趣，激活学习者已有的背景知识和相关词汇。问题主要围绕日常交际话题和医学话题设计。

课文与生词：每课包含三篇课文，课文（一）为医学场景对话，课文（二）为日常交流对话，课文（三）为叙述体，《课本3》以日常交际话题的叙述为主，《课本4》以医学话题的叙述为主。三篇课文之间注重内容的关联和生词、语法的复现。生词紧扣《新汉语水平考试大纲》和《医学汉语水平考试（MCT）大纲》。

语言点讲解与操练：语言点讲解简洁清晰，例句典型而丰富，突出语法格式的归纳、易错点的提醒及近义词的辨析。每个语言点均配有针对性练习。

综合练习：课文（一）、课文（二）和课文（三）后均有紧扣课文内容和知识能力培养的综合练习，题型主要包括"根据拼音写汉字""辨字组词""选词填空""选出下列词语在句子中的位置""用所给词语完成对话""根据课文内容回答问题"和"根据课文内容填空"。

语言任务：以现实情景为场景，引导学生完成综合性语言任务，主要包括"阅读理解""口头表达"和"书面表达"。语言任务以医学情景为主。

◎练习册

《练习册3》和《练习册4》每课包括听力、阅读和书写三个部分。听力部分的练习包括"听句子，判断对错"和"听对话，选择正确答案"，阅读部分的练习包括"选择正确的上下文填空""选词填空""排列顺序"和"阅读语段，选择正确答案"，书写部分的练习包括"组词成句""读句子，根据拼音写汉字"和"看图片，用词造句"。

五、教学建议

本教材建议每课用6—8课时完成。若一周8课时，一学期16周，每学期可完成1册。若选择"主讲 + 复练"的教学模式，主讲教师负责教授每课的课文、生词和语言点，并带领学生完成相应课文后的综合练习；复练教师负责生词与语言点的扩展性和交际性练习，并带领学生完成每课的语言任务和练习册上的练习。

六、编写团队

本教材由长期从事一线医学汉语教学工作的教师编写，总主编为朱瑞蕾、甄珍。

《课本1》和《练习册1》由张杏春、甄珍、张举英、李晓婧、朱瑞蕾编写，张杏春负责统稿。

《课本2》和《练习册2》由张举英、张杏春、李晓婧、朱瑞蕾、甄珍、张海萍、李婷玉编写，张举英负责统稿。

《课本3》和《练习册3》由甄珍、朱瑞蕾、李晓婧、张举英、张杏春编写，甄珍负责统稿。

《课本4》和《练习册4》由李晓婧、朱瑞蕾、甄珍、张举英、张杏春编写，李晓婧负责统稿。

七、鸣谢

本教材由张杏春、朱瑞蕾、戴丽华、周汶霏、校潇、张云、蔡燕等任课教师在山东大学进行了三个学期的课堂试用，由张海萍、李婷玉在江西中医药大学进行了一个学期的课堂试用，由马玲在美国阿拉巴马大学进行了两个学期的课堂试用，她们都对教材提出了很多切实的修改意见，在此特别致谢！

在教材编写过程中，山东大学李安老师在词频统计方面提供了强大的技术支持，李静茹、徐紫钰、温璐妃、刘晓洁、齐梓君、张铭心、曾哲宇等同学在语料整理方面提供了周到的帮助，济南市第二人民医院王旭医师、济南市妇幼保健院侯艳梅医师等在医学专业知识和方法方面提供了有力的支持，在此一并感谢。

除此之外，我们还要感谢北京语言大学出版社王俊毅、上官雪娜老师和责任编辑李非飞老师在编辑出版环节对本教材提出的宝贵修改意见。

编写团队

2022年4月

Foreword

With the guidance of "Chinese + medicine" principle, *I Am a Medical Student: Preclinical Medicine Chinese* is a series of integrated medical Chinese textbooks, compiled based on *Chinese Proficiency Test Syllabus*, *Chinese Proficiency Grading Standards for International Chinese Language Education* and *Medical Chinese Test (MCT) Syllabus*. The teaching materials focus on improving the learners' ability to use Chinese for communication in daily life and in the hospital scene, and also focus on improving the learners' cultural literacy and professional quality of doctors.

This set of textbooks is mainly suitable for international preclinical medical students who are the very beginners of Chinese language, and also for: (1) medical students who come to China to study clinical medicine; (2) medical students who come to China to study traditional Chinese medicine; (3) medical experts working in China and medical students for short-term training; (4) international medical students with the need of learning Chinese.

1. Writing Principles

This set of textbooks combines the learning of daily Chinese with the improvement of HSK test-taking ability, and combines medical knowledge with social and cultural knowledge, so as to achieve the goal of integrating Chinese, medicine and culture. This set of textbooks promotes the beginners' listening, speaking, reading and writing skills from scratch, and helps the beginners gradually master the vocabulary, language points and topic tasks stipulated in HSK levels 1 to 4, and acquaint with the medical vocabulary, topics and tasks stipulated in the *Medical Chinese Test (MCT) Syllabus*, improve the ability to use Chinese for communication in daily life and in the hospital scene, understand the professional characteristics of doctors through Chinese, and feel the nobility of "the doctor's benevolence" and "medical morality first" sentiment.

2. Textbook Structure

This set of integrated medical Chinese textbooks includes 4 volumes of textbooks and 4 volumes of workbooks. The textbooks and workbooks are matched together, and each volume has 15 lessons. The specific arrangements are as follows:

Volume 1 focuses on the cultivation of skills of daily communication in Chinese, moderately increases communication in simple medical scenarios. The pre-class parts of "Chinese Pinyin" and "Pinyin exercises" in this textbook focus on teaching and practicing the knowledge of modern Chinese phonetics, which will be repeated and strengthened in the following lessons 1-5. After completing the study of Volume 1, the beginners' Chinese proficiency can reach HSK level 2. They can be familiar with common medical Chinese vocabulary, and communicate in simple medical scenarios.

Volume 2 combines the development of communication skills in daily life with the improvement of communication skills in medical scenarios. The communication scenarios involved are more diverse, the scope of communication is broader, and the Chinese social culture reflected is also richer. After completing the study of Volume 2, the learners' Chinese proficiency can reach HSK level 3. The learners' medical Chinese vocabulary will be further increased, and they can communicate in common medical scenarios.

Volumes 3 and 4 further expand the breadth and depth of daily communication in Chinese, and the daily communication tasks are richer; the medical scenarios involved are more focused on seeing patients in common departments in hospitals, and the doctor-patient communication scenarios are more specific and real, which mostly are about symptoms and treatment options for common diseases through specialists. After completing the study of Volume 3 and Volume 4, the learners' Chinese proficiency can reach or even exceed HSK level 4, they can master common medical Chinese vocabulary, understand the basic knowledge of common diseases, and feel the professional characteristics and noble sentiments of doctors.

3. Characteristics of Textbooks

(1) Integration of Chinese, medicine and culture

The compilation targets of this set of textbooks include three aspects: Chinese, medicine and culture. Chinese is the core target, mainly including targets of Chinese knowledge and Chinese skill, which is the basis for realizing targets of medicine and culture. These textbooks are specialized medical Chinese textbooks. The medical targets mainly include medical vocabulary, medical-scene communication, and medical culture, which are mainly achieved by creating medical scenes. Cultural targets include knowledge culture and communicative culture. These textbooks are committed to deepening learners' understanding of Chinese society and culture, improving learners' cross-cultural communication skills, and promoting learners' understanding of multiculturalism. The realization of cultural targets depends on the completion of specific cultural targets in language teaching. Chinese targets and cultural targets belong to Chinese targets, and medical targets belong to professional targets. These aspects are interactively and perfectly integrated in these textbooks.

(2) Equal emphasis on listening, speaking, reading and writing

This set of textbooks is an integrated medical specialized Chinese textbook. In terms of language skill development, equal emphasis is placed on listening, speaking, reading and writing. The "Comprehensive Exercises" part of the textbooks focuses on repeated exercises on key vocabulary, grammar, Chinese characters, sentence patterns and text contents to consolidate learners' language knowledge; at the same time, the "Language Tasks" part of the textbooks also designs output language tasks to exercise oral and written expressions, focusing on cultivating learning language production ability of the learners. In addition to further consolidating the key knowledge of Chinese and strengthening the cultivation of key abilities, the accompanying workbooks of the textbooks also train learners' application ability to solve various language problems and improve their ability to take the HSK test through a variety of practice questions.

(3) Giving consideration to both general and special syllabuses

For general Chinese vocabulary, language points and topic tasks, this set of textbooks mainly refers to the *Chinese Proficiency Test Syllabus* and *Chinese Proficiency Grading Standards for International Chinese Language Education*. For medical Chinese vocabulary, topics and tasks, this set of textbooks mainly refers to the *Medical Chinese Test (MCT) Syllabus*. This set of textbooks covers all the vocabulary, language points and topic tasks of level 1 to level 4 in *Chinese Proficiency Test Syllabus* and all the topics, tasks and most of vocabulary of level 1 to level 3 in the *Medical Chinese Test (MCT) Syllabus*.

(4) Continuous adjustment and improvement based on trial feedback

This set of textbooks has been tested for three rounds in clinical medicine major (for international students) of Shandong University. After each trial, empirical research and analysis on the teaching effect and students' needs was conducted, and adjustments and revisions were made according to teachers' teaching and students' learning feedbacks. The trail result of these textbooks is sufficient to show that this set of textbooks can effectively meet the needs of medical students for daily communication, clinical practice, passing HSK level 4 test and understanding Chinese social culture.

In addition, this set of textbook has been tried out for one semester at Jiangxi University of Chinese Medicine and two semesters at the University of Alabama in the United States, both of which have achieved remarkable teaching effects, and have led further adjustments and revisions based on the trial feedbacks.

4. Compilation Layouts

According to the law of language learning and medical ability training, the compilation layouts of each volume of this set of textbooks are slightly different. The specific compilation layouts are as follows:

(1) The compilation layout of Volume 1

◎ Textbook

The first chapter of Volume 1 arranges three concentrated lectures, focusing on the basic knowledge of modern Chinese phonetics and recurring and strengthening in the following lessons 1 to 5. Each lesson from 1 to 15 consists of six parts: learning objectives, warming-up, texts and new words, language points explanation and practice, comprehensive exercises, and language tasks.

Learning objectives: Targets for language functions and language points are set according to the content of the text to help learners understand the key points of each lesson. Since the learners are beginners, this part is presented in English.

Warming-up: Two questions are set to introduce the theme of the lesson, stimulate learners' interest in the content, and activate learners' existing background knowledge and related vocabulary. The two questions focus on topics of daily communication.

Texts and new words: Each lesson includes two texts. Text 1 and Text 2 are both conversational, focusing on the daily communication topics of medical students, and gradually increasing the communication topics in medical scenes. The relationship between the two texts and the repetition of new words and grammar are emphasized. The new words stick to *Chinese Proficiency Test Syllabus* and *Medical Chinese Test (MCT) Syllabus*.

Language points explanation and practice: The language points explanation is concise and clear, and the example sentences are typical and rich, highlighting grammatical formats induction, error-prone reminders, and synonym identification. Each language point comes with targeted exercises.

Comprehensive exercises: After Text 1 and Text 2, there are comprehensive exercises sticking to the content of the texts and the cultivation of knowledge and ability. The first 5 lessons mainly focus on "listen to the recording and pick out the syllables you hear", "write Pinyin according to Chinese characters", "read aloud", "complete dialogues", and "write Chinese characters". And the last 10 lessons are mainly about "write Pinyin according to Chinese characters", "read aloud", "substitution drills", "use the following words to fill in the blanks", "answer the following questions according to the text", "fill in the blanks according to the text", and "write Chinese characters".

Language tasks: The compilers take realistic situations as scenarios, and guide students to complete comprehensive language tasks, mainly including "reading comprehension" and "oral expression". The language tasks are mainly based on daily communication situations, supplemented by medical situations.

◎ Workbook

The vocabulary, language points and texts learned in Lessons 1 to 5 are relatively simple, and we incorporate them into the practice in Lessons 6 to 15.

Lessons 6 to 15 consist of three parts: listening, reading and writing. The listening exercises include "look at the pictures, listen to the words and judge right (√) or wrong (✕)", "look at the pictures, listen to the sentences and judge right (√)

or wrong (×)", and "listen to the dialogues and choose the correct answers". The reading exercises include "look at the pictures and fill in the picture numbers after the relevant sentences", "use the following words to fill in the blanks", and "choose the correct position of the following words in the sentences". The writing exercises include "read the following sentences and write Chinese characters according to Pinyin" and "group the following words into sentences".

(2) The compilation layout of Volume 2

◎ Textbook

Each lesson consists of seven parts: learning objectives, warming-up, texts and new words, language points explanation and practice, comprehensive exercises, language tasks, and supplementary words.

Learning objectives: Targets for language functions, language points, medical knowledge, and social culture are set according to the content of the text to help learners understand the key points of each lesson. Since the learners' Chinese level is limited, this part is also presented in English.

Warming-up: Two questions are set to introduce the theme of the lesson, stimulate learners' interest in the content, and activate learners' existing background knowledge and related vocabulary. The two questions focus on topics of daily communication and medicine.

Texts and new words: Each lesson includes two texts. Text 1 and Text 2 are both conversational, focusing on the daily communication topics of medical students, and gradually increasing the communication topics in medical scenes. The relationship between the two texts and the repetition of new words and grammar are emphasized. The new words stick to *Chinese Proficiency Test Syllabus* and *Medical Chinese Test (MCT) Syllabus*.

Language points explanation and practice: The language points explanation is concise and clear, and the example sentences are typical and rich, highlighting grammatical formats induction, error-prone reminders, and synonym identification. Each language point comes with targeted exercises.

Comprehensive exercises: After Text 1 and Text 2, there are comprehensive exercises sticking to the content of the texts and the cultivation of knowledge and ability. The types of questions mainly include "write Chinese characters according to Pinyin", "discriminate between Chinese characters and make words", "substitution drills", "use the following words to fill in the blanks", "complete the dialogues with given words", "answer the following questions according to the text", and "fill in the blanks according to the text".

Language tasks: The compilers take realistic situations as scenarios, and guide students to complete comprehensive language tasks, mainly including "reading comprehension", "oral expression" and "written expression". The language tasks are mainly based on daily communication situations, supplemented by medical situations.

Supplementary words: It mainly includes medical Chinese words closely related to each lesson. Each lesson is supplemented with 4-6 words with Pinyin, English translations and pictures.

◎ Workbook

Each lesson consists of three parts: listening, reading and writing. The listening exercises include "listen to sentences and judge right (√) or wrong (×)", "listen to dialogues and choose the correct answers", and "listen to sentences and write down what you heard". The reading exercises include "use the following words to fill in the blanks", "choose the correct position of the following words in the sentences", and "read the following sentences and choose the correct answers". The writing exercises include "read the following sentences and write Chinese characters according to

Pinyin" and "group the following words into sentences".

(3) The compilation layout of Volumes 3 and 4

◎ Textbooks

Each lesson consists of six parts: learning objectives, warming-up, texts and new words, language points explanation and practice, comprehensive exercises, and language tasks.

Learning objectives: Targets for language functions, language points, medical knowledge, and social culture are set according to the content of the text to help learners understand the key points of each lesson. With the improvement of the learners' Chinese level, this part is presented in Chinese.

Warming-up: Two questions are set to introduce the theme of the lesson, stimulate learners' interest in the content, and activate learners' existing background knowledge and related vocabulary. The two questions focus on topics of daily communication and medicine.

Texts and new words: Each lesson includes three texts. Text 1 is a dialogue in medical scenarios, Text 2 is a daily communication dialogue, and Text 3 is a narration. Volume 3 is mainly about the narration of daily communication topics, and Volume 4 is mainly about the narration of medical topics. The relationship between the three texts and the repetition of new words and grammar are emphasized. The new words stick to *Chinese Proficiency Test Syllabus* and *Medical Chinese Test (MCT) Syllabus*.

Language points explanation and practice: The language points explanation is concise and clear, and the example sentences are typical and rich, highlights grammatical formats induction, error-prone reminders, and synonym identification. Each language point comes with targeted exercises.

Comprehensive exercises: After Text 1, Text 2 and Text 3, there are comprehensive exercises sticking to the content of the texts and the cultivation of knowledge and ability. The types of questions mainly include "write Chinese characters according to Pinyin", "discriminate between Chinese characters and make words", "use the following words to fill in the blanks", "choose the correct position of the following words in the sentences", "complete the dialogues with given words", "answer the following questions according to the text", and "fill in the blanks according to the text".

Language tasks: Take realistic situations as scenarios, guide students to complete comprehensive language tasks, mainly including "reading comprehension", "oral expression" and "written expression". The language tasks are mainly based on medical situations.

◎ Workbook

Each lesson consists of three parts: listening, reading and writing. The listening exercises include "listen to sentences and judge right or wrong", and "listen to dialogues and choose the correct answers". The reading exercises include "choose the correct context to fill in the blanks", "use the following words to fill in the blanks", "sort sentences", and "read the following paragraphs and choose the correct answers". The writing exercises include "group the following words into sentences", "read the following sentences and write Chinese characters according to Pinyin", and "look at pictures and make sentences with given words".

5. Teaching Suggestions

We suggest that teachers use 6-8 hours to complete each lesson of this set of textbooks. If there are 8 lessons per week, 16 weeks per semester, one volume could be completed per semester. If you choose the teaching mode of "main lecture + repractice", the main lecture teacher is responsible for teaching the texts, new words and language points, and guiding students to complete comprehensive exercises after the corresponding text; the re-practice teacher is responsible for teaching extension knowledge of new words and language points, and leading students to complete the language tasks and exercises in the workbook for each lesson.

6. Compilation Team

This set of textbooks are written by teachers who have long been engaged in the teaching front-line of medical Chinese. The chief compilers are Zhu Ruilei and Zhen Zhen.

The first volumes of the textbooks and workbooks are compiled by Zhang Xingchun, Zhen Zhen, Zhang Juying, Li Xiaojing, Zhu Ruilei. Zhang Xingchun is responsible for the final compilation and edit.

The second volumes of the textbooks and workbooks are compiled by Zhang Juying, Zhang Xingchun, Li Xiaojing, Zhu Ruilei, Zhen Zhen, Zhang Haiping, and Li Tingyu. Zhang Juying is responsible for the final compilation and edit.

The third volumes of the textbooks and workbooks are compiled by Zhen Zhen, Zhu Ruilei, Li Xiaojing, Zhang Juying, and Zhang Xingchun. Zhen Zhen is responsible for the final compilation and edit.

The fourth volumes of the textbooks and workbooks are compiled by Li Xiaojing, Zhu Ruilei, Zhen Zhen, Zhang Juying and Zhang Xingchun. Li Xiaojing is responsible for the final compilation and edit.

7. Acknowledgments

This set of textbooks was tested in Shandong University for three semesters by the teacher Zhang Xingchun, Zhu Ruilei, Dai Lihua, Zhou Wenfei, Xiao Xiao, Zhang Yun and Cai Yan. Zhang Haiping and Li Tingyu tested in Jiangxi University of Chinese Medicine for one semester. Ma Ling conducted a two-semester classroom trial at the University of Alabama. All of them have put forward many practical suggestions for revision of the textbook, and I would like to express my special thanks here.

In the process of compiling these textbooks, Li An, from Shandong University, provided strong technical support on statistics of word frequency, and students, such as Li Jingru, Xu Ziyu, Wen Lufei, Liu Xiaojie, Qi Zijun, Zhang Mingxin, and Zeng Zheyu, provided thoughtful help in corpus organization. Physician Wang Xu, from Jinan Second People's Hospital, and Physician Hou Yanmei, from Jinan Maternal and Child Health Hospital, provided their strong support in terms of medical expertise and methods, and we would like to thank them all, too.

In addition, we would also like to thank senior editors Wang Junyi and Shangguan Xuena, the editors-in-chief, and Li Feifei, the editor in charge, from Beijing Language and Culture University Press, for their valuable comments on the revision of this textbook during the editing and publishing process.

Compilation team

April 2022

主要人物简介
Introductions to Major Characters

王　晨 / Wang Chen

中国人，男，19 岁，东山大学基础医学院一年级学生。

Chinese, Male, 19 years old, Freshman of School of Basic Medical Science, Dongshan University.

李　真 / Li Zhen

中国人，女，18 岁，东山大学文学院一年级学生。

Chinese, Female, 18 years old, Freshman of School of Literature, Dongshan University.

美　丽 / Meili

南非人，女，19 岁，东山大学基础医学院一年级留学生。

South African, Female, 19 years old, International Freshman of School of Basic Medical Science, Dongshan University.

金　龙 / Jin Long

泰国人，男，21 岁，东山大学基础医学院一年级留学生。

Thai, Male, 21 years old, International Freshman of School of Basic Medical Science, Dongshan University.

马大为 / Ma Dawei

尼泊尔人，男，20 岁，东山大学基础医学院一年级留学生，金龙的同屋。

Nepalese, Male, 20 years old, International Freshman of School of Basic Medical Science, Dongshan University, Jin Long's roommate.

月　亮 / Yueliang

巴林人，女，20岁，东山大学基础医学院一年级留学生，美丽的同屋。

Bahraini, Female, 20 years old, International Freshman of School of Basic Medical Science, Dongshan University, Meili's roommate.

吉　米 / Jimmy

俄罗斯人，男，21岁，东山大学口腔医学院一年级留学生，马大为的朋友。

Russian, Male, 21 years old, International Freshman of School of Stomatology, Dongshan University, Ma Dawei's friend.

王　东 / Wang Dong

中国人，男，31岁，东山医院外科医生，王晨的哥哥。

Chinese, Male, 31 years old, Surgeon of Dongshan Hospital, Wang Chen's elder brother.

艺　文 / Yi Wen

中国人，女，32岁，东山医院眼科医生，王东的妻子。

Chinese, Female, 32 years old, Ophthalmologist of Dongshan Hospital, Wang Dong's wife.

张佳乐 / Zhang Jiale

中国人，女，28岁，东山医院护士，王东、艺文的朋友。

Chinese, Female, 28 years old, Nurse of Dongshan Hospital, Wang Dong and Yi Wen's friend.

刘一鸣 / Liu Yiming

中国人，男，30岁，律师，张佳乐的男朋友。

Chinese, Male, 30 years old, Lawyer, Zhang Jiale's boyfriend.

语法术语及缩略形式参照表
Grammar Terms and Their Abbreviations

Grammar Terms in Chinese	Grammar Terms in Pinyin	Grammar Terms in English	Abbreviations
名词	míngcí	noun	*n.*
代词	dàicí	pronoun	*pron.*
数词	shùcí	numeral	*num.*
量词	liàngcí	measure word	*m.*
数量词	shùliàngcí	numeral measure word	*num.-m.*
动词	dòngcí	verb	*v.*
能愿动词	néngyuàn dòngcí	modal verb	*mod.v.*
形容词	xíngróngcí	adjective	*adj.*
副词	fùcí	adverb	*adv.*
介词	jiècí	preposition	*prep.*
连词	liáncí	conjunction	*conj.*
助词	zhùcí	particle	*part.*
拟声词	nǐshēngcí	onomatopoeia	*onom.*
叹词	tàncí	interjection	*int.*
前缀	qiánzhuì	prefix	*pref.*
后缀	hòuzhuì	suffix	*suf.*
成语	chéngyǔ	idiom	*idm.*
主语	zhǔyǔ	subject	*S*
谓语	wèiyǔ	predicate	*P*
宾语	bīnyǔ	object	*O*
补语	bǔyǔ	complement	*C*
动宾结构	dòngbīn jiégòu	verb-object	*VO*
动补结构	dòngbǔ jiégòu	verb-complement	*VC*
动词性短语	dòngcíxìng duǎnyǔ	verbal phrase	*VP*
形容词性短语	xíngróngcíxìng duǎnyǔ	adjectival phrase	*AP*

目 录
Contents

健健康康的最重要

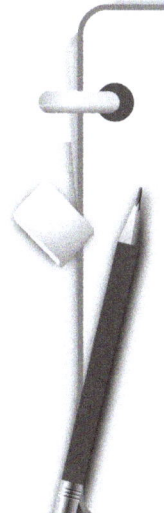

学习目标 Learning Objectives

1. 语言功能：能描述一个人的外貌及性格特征。
2. 语言点：形容词重叠"AABB"式、副词"尤其"、连词"就是"、副词"只"、离合词。
3. 医学知识：了解顺产和剖宫产的区别。
4. 社会文化：了解当代中国家庭对生育的态度。

热身活动 Warming-up

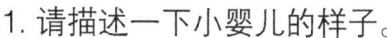

1. 请描述一下小婴儿的样子。

2. 跟谁在一起，你觉得最开心？为什么？

课文（一）
Text（I）

Wáng Dōng qīzi Yì Wén de yùchǎnqī dào le, tāmen zhèngzài tǎolùn shēngchǎn qián
（王 东 妻子艺文 的 预产期 到 了，他们 正在 讨论 生产 前

de zhǔnbèi qíngkuàng.
的 准备 情况。）

Wáng Dōng： Míngtiān jiùyào qù zhùyuàn le, dōngxi dōu zhǔnbèi hǎo le ma?
王东：明天 就要 去 住院 了，东西 都 准备 好 了吗?

Yì Wén： Zhǔnbèi hǎo le.
艺文：准备 好 了。

Wáng Dōng： Duìle, zhè shì bàba māma gěi bǎobao mǎi de yīfu.
王东：对了，这是爸爸 妈妈 给 宝宝 买 的 衣服。

Yì Wén： Zhēn piàoliang! Tāmen mǎshàng jiùyào dāng yéye nǎinai le, yídìng
艺文：真 漂亮！他们 马上 就要 当 爷爷奶奶 了，一定

hěn xīngfèn.
很 兴奋。

Wáng Dōng： Shì a, tāmen tèbié xīngfèn.
王东：是啊，他们 特别 兴奋。

Yì Wén： Mǎi de yīfu shì nánháir de háishi nǚháir de?
艺文：买 的 衣服 是 男孩儿的 还是 女孩儿的?

Wáng Dōng： Yéye xiǎng yào gè sūnzi, nǎinai xiǎng yào gè sūnnǚ, suǒyǐ nánháir
王东：爷爷 想 要 个孙子，奶奶 想 要 个孙女，所以男孩儿

de, nǚháir de dōu mǎi le. Nǐ xiǎng yào érzi háishi nǚ'ér?
的、女孩儿 的 都 买 了。你 想 要儿子还是女儿?

Yì Wén： Érzi, nǚ'ér dōu hǎo, jiànjiànkāngkāng de zuì zhòngyào.
艺文：儿子、女儿 都 好， 健健康康 的 最 重要。

生词 New words

1. 妻子	qīzi	*n.*	wife
2. 预产期	yùchǎnqī	*n.*	expected date of childbirth
3. 讨论	tǎolùn	*v.*	to discuss
4. 生产	shēngchǎn	*v.*	to give birth to a child
5. 就要	jiùyào	*adv.*	be about to
6. 宝宝	bǎobao	*n.*	baby
7. 爷爷	yéye	*n.*	grandfather
8. 奶奶	nǎinai	*n.*	grandmother
9. 兴奋	xīngfèn	*adj.*	excited
10. 女孩儿	nǚháir	*n.*	girl
11. 孙子	sūnzi	*n.*	grandson
12. 孙女	sūnnǚ	*n.*	granddaughter
13. 健康	jiànkāng	*adj./n.*	healthy; health

专名 Proper nouns

艺文	Yì Wén	name of a Chinese doctor, Wang Dong's wife

语言点 Language Points

形容词重叠 "AABB" 式

在汉语中，有的形容词可以重叠，重叠后表示程度加深或带有喜爱的感情色彩。单音节形容词的重叠形式是 "AA" 式，双音节性质形容词的重叠形式是 "AABB" 式。例如：

1. 儿子、女儿都好，健健康康的最重要。

2. 哥哥把房间收拾得干干净净的。

3. 中国人的婚礼都是热热闹闹的。

※ 练习：请用形容词重叠"AABB"式完成句子

    1. 姐姐今天穿得＿＿＿＿＿＿＿的。（漂亮）

    2. 妈妈希望孩子们都＿＿＿＿＿＿＿的。（健康）

    3. 我很喜欢现在的工作，每天都＿＿＿＿＿＿＿的。（高兴）

    4. 这件衣服我洗（xǐ, wash）得＿＿＿＿＿＿＿的。（干净）

综合练习 Comprehensive Exercises

一、根据拼音写汉字

    1. yéye ＿＿＿＿＿   3. xīngfèn ＿＿＿＿＿   5. sūnnǚ ＿＿＿＿＿

    2. nǎinai ＿＿＿＿＿   4. jiànkāng ＿＿＿＿＿   6. sūnzi ＿＿＿＿＿

二、辨字组词

    1. 孙＿＿＿＿＿   3. 奋＿＿＿＿＿

      小＿＿＿＿＿   男＿＿＿＿＿

    2. 宝＿＿＿＿＿   4. 奶＿＿＿＿＿

      室＿＿＿＿＿   妈＿＿＿＿＿

三、选词填空

> 整整齐齐 健健康康 清清楚楚 热热闹闹 高高兴兴

    1. 对父母来说，孩子身体（   ）是最重要的。

    2. 很多朋友来参加王东的婚礼，大家又说又笑，（   ）的。

    3. 爸爸的书放得（   ）。

    4. 老师说得很慢（màn, slow），我听得（   ）。

5. 来到中国以后，我每天都过得（　　　　　）的。

四、选出下列词语在句子中的位置

1. 奶奶 A 宝宝 B 买了 C 很多 D 小衣服。　　　　　　　　　（给）
2. A 爷爷 B 想要 C 孙子 D 孙女？　　　　　　　　　　　　　（还是）
3. 妻子 A 的 B 预产期 C 到 D 了。　　　　　　　　　　　　　（就要）
4. A 医生把手术前的工作 B 都准备 C 了 D。　　　　　　　　（好）
5. A 我对 B 玩儿游戏 C 有兴趣 D 了。　　　　　　　　　　　（最）

五、根据课文内容填空

　　王东的_____艺文的_____到了，明天_____去住院了。住院的东西都准备好了，王东的爸爸妈妈还给_____买了很多衣服。爸爸妈妈就要_____爷爷奶奶了，特别_____。爷爷想要_____，奶奶想要_____，所以男孩儿、女孩儿的衣服他们都买了。艺文觉得儿子、女儿都好，_____的最重要。

六、根据课文内容回答问题

1. 艺文为什么要去住院？　　　　　　　　（预产期、就要）
2. 王东的爸爸妈妈为什么特别兴奋？　　　（当）
3. 爷爷奶奶给小宝宝买了什么？
4. 艺文想要儿子还是女儿？
5. 艺文觉得什么最重要？　　　　　　　　（形容词重叠"AABB"式）

课文（二）
Text（Ⅱ）

Zhāng Jiālè lái chǎnkē bìngfáng kàn xiǎo bǎobao.
（张 佳乐 来 产科 病房 看 小 宝宝。）

Zhāng Jiālè: Yì Wén shēng le ma? Wǒ lái kànkan tā.
张佳乐：艺文 生 了吗？我来 看看 她。

Wáng Dōng: Shēng le. Jīntiān zǎoshang jiǔ diǎn shēng de, shì gè nánháir.
王东：生 了。今天 早上 九点 生 的，是个男孩儿。

Kuài jìnlai kànkan ba.
快 进来 看看 吧。

Zhāng Jiālè: Gōngxǐ gōngxǐ! Háizi duō zhòng?
张佳乐：恭喜 恭喜！孩子 多 重？

Wáng Dōng: 4.3 qiānkè.
王东：4.3 千克。

Zhāng Jiālè: Zhème pàng! Shì zìjǐ shēng de, háishi pōugōngchǎn?
张佳乐：这么 胖！是自己 生 的，还是 剖宫产？

Yì Wén: Bǎobao tài dà le, yīshēng jiànyì pōugōngchǎn. Jiālè, nǐ juéde
艺文：宝宝 太 大了，医生 建议 剖宫产。佳乐，你 觉得

bǎobao zhǎng de xiàng shéi?
宝宝 长 得 像 谁？

Zhāng Jiālè: Xiàng bàba, yóuqí shì ěrduo hé zuǐ, dōu dàdà de, tài xiàng
张佳乐：像 爸爸，尤其是耳朵和嘴，都 大大的，太 像

bàba le. Bǎobao yǒu míngzi le ma?
爸爸了。宝宝 有 名字 了吗？

Yì Wén: Yǒu le, jiào Gāoxìng, xīwàng tā měi tiān dōu gāogāoxìngxìng de.
艺文：有 了，叫 高兴，希望 他 每天 都 高高兴兴 的。

Zhāng Jiālè: Kàn! Bǎobao xiǎo shǒu jǔ qǐlai le! Báibáipàngpàng de, zhēn kě'ài!
张佳乐：看！宝宝 小 手 举 起来 了！白白胖胖 的，真 可爱！

生词 New words

1. 病房	bìngfáng	*n.*	ward (of a hospital)
2. 生	shēng	*v.*	to give birth to
3. 重	zhòng	*adj.*	heavy
4. 千克	qiānkè	*m.*	kilogram
5. 胖	pàng	*adj.*	fat, plump
6. 剖宫产	pōugōngchǎn	*v.*	to have a cesarean section
7. 建议	jiànyì	*v./n.*	to suggest; suggestion
8. 像	xiàng	*v.*	to look like
9. 尤其	yóuqí	*adv.*	especially
10. 耳朵	ěrduo	*n.*	ear
11. 嘴	zuǐ	*n.*	mouth
12. 手	shǒu	*n.*	hand
13. 举	jǔ	*v.*	to raise, to hold up
14. 白	bái	*adj.*	white
15. 可爱	kě'ài	*adj.*	cute

专名 Proper nouns

张佳乐	Zhāng Jiālè	name of a Chinese nurse

语言点 Language Points

副词"尤其"

副词"尤其"表示更进一步，常用在后一分句中，表示在全体中或者在与其他事物比较时特别突出。例如：

1. 宝宝长得像爸爸，尤其是耳朵和嘴，都大大的。

2. 我喜欢吃中国菜，尤其喜欢吃辣的。

3. 现在视力有问题的人越来越多，尤其是小孩子。

※ 练习：请用副词"尤其"和所给词语完成句子

    1. 马大为喜欢运动，_____。（踢足球）

    2. 哈尔滨的冬天很冷，_____。（晚上）

    3. 这家饭店的菜很好吃，_____。（宫保鸡丁）

    4. 这家医院的手术水平很高，_____。（心脏外科）

综合练习 Comprehensive Exercises

一、根据拼音写汉字

    1. yóuqí _____

    2. ěrduo _____

    3. bìngfáng _____

    4. jiànyì _____

    5. qiānkè _____

    6. kě'ài _____

二、辨字组词

    1. 千_____

       天_____

    2. 尤_____

       龙_____

    3. 耳_____

       中_____

    4. 胖_____

       半_____

三、选词填空

胖　帅　高　重　可爱

    1. 我丈夫的个子非常_____，他以前是打篮球的。

    2. 儿子的书包非常_____，大概有十二斤。

    3. 王晨不但学习很好，长得也很_____。

    4. 我最近太_____了，得少吃点儿了。

5. 小宝宝白白胖胖的，真_____！

四、选出下列词语在句子中的位置

1. 是 A 自己 B 生的 C 剖宫产 D？　　　　　　　　（还是）

2. 很多人 A 说 B 我长 C 不像 D 妈妈。　　　　　　（得）

3. 我很 A 想家，B 是快 C 放假的 D 时候。　　　　　（尤其）

4. 宝宝 A 把 B 小手 C 举 D 了。　　　　　　　　　（起来）

5. 你们 A 把房间 B 打扫得 C 干净 D。　　　　　　　（真）

五、根据课文内容填空

　　艺文生宝宝了，张佳乐来看她。艺文是今天早上_____的，生的是个_____，孩子4.3_____。宝宝太大了，医生建议剖宫产。张佳乐觉得宝宝长得像爸爸，_____耳朵和嘴，都大大的，太像爸爸了。宝宝有_____了，叫高兴，艺文希望他每天都_____的。

　　张佳乐看到宝宝小手_____了！_____的，真可爱！

六、根据课文内容回答问题

1. 小宝宝是几点生的？　　　　　　　　　　　　　（九点）

2. 小宝宝有多重？　　　　　　　　　　　　　　　（千克）

3. 医生为什么建议剖宫产？　　　　　　　　　　　（太大）

4. 小宝宝长得像谁？　　　　　　　　　　　　（尤其、嘴、耳朵）

5. 小宝宝叫什么名字？为什么？　　　　　　　（希望、高兴）

课文（三）
Text（III）

Zhāng Jiālè jièshào zìjǐ de nánpéngyou.
（张 佳乐 介绍 自己 的 男朋友。）

Wǒ de nánpéngyou xìng Liú, jiào Liú Yīmíng, shì míng lǜshī. Tā jīnnián sānshí
我的 男朋友 姓 刘，叫 刘 一鸣，是 名 律师。他今年 三十
suì le, bǐ wǒ dà liǎng suì. Tā gèzi gāogāo de, yì mǐ bā wǔ zuǒyòu, tóufa hēihēi
岁了， 比我 大 两 岁。他个子高高 的， 一米八五 左右， 头发黑黑
de, yǎnjing dàdà de, zhǎng de tǐng shuài, jiùshì bǐjiào pàng, jiǔshí qiānkè zuǒyòu.
的，眼睛 大大的， 长 得 挺 帅，就是比较 胖，九十 千克 左右。

Tā shuō xiǎng jiǎnféi, kěshì měi cì wǒmen yìqǐ chīfàn, tā dōu chī hěn duō, yóuqí
他 说 想 减肥，可是 每次我们 一起吃饭， 他 都 吃 很 多，尤其
xǐhuan chī ròu. Tā xìnggé búcuò, hěn chéngshí, yě hěn yōumò. Suīrán wǒmen liǎ
喜欢 吃肉。他 性格 不错， 很 诚实， 也很 幽默。 虽然 我们 俩
rènshi de shíjiān hěn duǎn, měi zhōu zhǐ jiàn yí cì miàn, kěshì měi cì jiànmiàn, wǒ dōu
认识 的 时间很 短，每 周 只 见 一 次 面， 可是 每次 见面， 我 都
juéde hěn kāixīn.
觉得 很 开心。

生词 New words

1. 介绍	jièshào	v.	to introduce
2. 男朋友	nánpéngyou	n.	boyfriend
3. 律师	lǜshī	n.	lawyer
4. 头发	tóufa	n.	hair
5. 就是	jiùshì	conj.	but
6. 减肥	jiǎnféi	v.	to lose weight
7. 肉	ròu	n.	meat
8. 性格	xìnggé	n.	personality
9. 诚实	chéngshí	adj.	honest
10. 幽默	yōumò	adj.	humorous
11. 短	duǎn	adj.	short
12. 只	zhǐ	adv.	only
13. 见面	jiànmiàn	v.	to meet

专名 Proper nouns

刘一鸣	Liú Yīmíng	name of a Chinese lawyer, Zhang Jiale's boyfriend

语言点 Language Points

一、连词 "就是"

连词"就是"常用在后一分句中，表示转折关系，语气比较和缓。例如：

1. 我男朋友长得挺帅的，就是比较胖。

2. 这家饭店的菜很好吃，就是太贵了。

3. 我的房子又大又漂亮，就是离公司太远了。

※ 练习：请用连词"就是"完成句子

    1. 这条蓝裙子很漂亮，_____。

    2. 今天天气真不错，_____。

    3. 毕业（bìyè, graduate）以后，我想去口腔医院工作，_____。

    4. 汉语学起来很有意思，_____。

二、副词"只"

    副词"只"表示仅限于某一范围，除此以外，没有别的。例如：

    1. 我们每周只见一次面。

    2. 我只喜欢跑步，不喜欢别的运动。

    3. 爸爸只会说汉语，不会说英语。

※ 练习：请用副词"只"完成句子

    1. 我晚上不想吃饭，_____。

    2. 小李没有哥哥姐姐，_____。

    3. 出院以后，注意不要剧烈运动，_____。

    4. _____，不想做别的。

三、离合词

    在汉语中，离合词是一类特殊动词，一般由两个语素构成，第一个语素是动词性的，第二个语素是名词性的，两者之间存在动宾关系。例如：

    游泳　跑步　见面　考试

    离合词可以合起来整体使用，也可以在其中间插入其他成分后使用。例如：

    游了泳　见过面　唱着歌（插入动态助词）

    游完泳　考完试　跑完步（插入结果补语）

    游半个小时泳　唱三个小时歌　见三次面（插入时量/动量补语）

    离合词的后面一般不能直接带宾语，若需要引出动作关涉的对象，需通过介词或助词。例如：

*见面朋友　和朋友见面　见朋友的面

※ 练习：组词成句

1. 下课以后　朋友　和　我　见面

_____

2. 上　班　昨天　我　了　一天

_____

3. 回国　我　完　考　试

_____

4. 一定要　我　结婚　和　爱的人

_____

综合练习 Comprehensive Exercises

一、根据拼音写汉字

1. jièshào _____　　3. xìnggé _____　　5. chéngshí _____

2. jiǎnféi _____　　4. jiànmiàn _____　　6. yōumò _____

二、辨字组词

1. 介_____　　　　3. 肥_____

　介_____　　　　　胖_____

2. 律_____　　　　4. 诚_____

　行_____　　　　　认_____

三、选词填空

> 见面　减肥　像　介绍　建议

1. 我和儿子好久没_____了，我非常想他。

2. 想学好汉语，老师_____我们要多听多说。

3. 你的眼睛长得_____你妈妈，又大又漂亮。

4. 你一米七，才六十千克，不用_____。

5. 请同学们都做个自我_____吧。

四、选出下列词语在句子中的位置

1. A 哥哥 B 我 C 大三岁 D。　　　　　　　　　　　　（比　）

2. 马大为挺 A 聪明的，B 不太 C 喜欢学习 D。　　　　（就是）

3. A 我男朋友挺胖 B，九十 C 千克 D。　　　　　　　（左右）

4. 我喜欢 A 吃肉 B，C 是 D 鸡肉。　　　　　　　　　（尤其）

5. 刚 A 来中国的 B 时候，我 C 有一个 D 中国朋友。　（只　）

五、根据课文内容填空

　　我的男朋友姓刘，叫刘一鸣，是名_____。他今年三十岁了，比我_____两岁。他_____高高的，一_____八五左右，头发_____的，眼睛_____的，长得挺帅，就是比较_____，九十千克左右。他说想_____，可是每次我们一起吃饭，他都吃很多，尤其喜欢_____。他_____不错，说话很_____。我们俩都很忙，_____不多，可是每次见面，我都觉得很开心。

六、根据课文内容回答问题

1. 刘一鸣多大了？ （比、大）

2. 刘一鸣长得怎么样？ （个子、头发、眼睛、帅）

3. 刘一鸣想减肥吗？ （千克、胖、可是）

4. 刘一鸣的性格怎么样？ （不错、诚实、幽默）

5. 张佳乐和刘一鸣多长时间见一次面？ （周）

语言任务 Language Tasks

一、阅读理解

只要是怀孕的女性，估计都有过这样的考虑：生孩子的时候，到底是剖还是顺？

不少孕妇害怕顺产，认为顺产很痛。分娩痛其实也存在一定的个体差异，少数幸运儿甚至没有明显痛感，觉得非常痛的同样也是少数，大部分人还是处于中间。随着医学的发达，目前很多医院都开展了分娩镇痛，无痛分娩也越来越普及。所以顺产的疼痛，已经有很多手段来减轻它了。

其实，剖宫产带来的疼痛并不会少多少。虽然生的时候不痛，但是产后刀口的疼痛一般人忍受不了。目前，医院鼓励孕妇在有条件的前提下尽量顺产。只有具备了做剖宫产手术的指征，如孕妇或胎儿出现了紧急情况、胎儿胎位不正、胎儿过大等，医生才会建议孕妇剖宫产。

来源：腾讯新闻《剖宫产和顺产究竟哪个好？听谁的？》

补充词汇

1. 孕妇	yùnfù	*n.*	pregnant woman
2. 顺产	shùnchǎn	*v.*	to have a natural childbirth
3. 分娩	fēnmiǎn	*v.*	to be confined

4. 个体	gètǐ	*n.*	individual
5. 差异	chāyì	*n.*	difference
6. 幸运儿	xìngyùn'ér	*n.*	lucky dog
7. 随着	suízhe	*prep.*	along with
8. 发达	fādá	*adj.*	developed, advanced
9. 镇痛	zhèn tòng	*VO*	to ease pain
10. 忍受	rěnshòu	*v.*	to bear, to suffer
11. 鼓励	gǔlì	*v.*	to encourage
12. 前提	qiántí	*n.*	premise
13. 指征	zhǐzhēng	*n.*	indication
14. 胎儿	tāi'ér	*n.*	fetus
15. 胎位	tāiwèi	*n.*	position of the fetus

回答问题

1. 不少孕妇为什么害怕顺产？

2. 目前医学对于分娩痛有什么可以减轻的办法吗？

3. 目前医院鼓励孕妇进行剖宫产手术吗？

二、口头表达

任务名称：猜猜他/她是谁。

任务要求：1. 两个学生一组，商量确定描述对象。（2分钟）

2. 用形容词重叠式对描述对象的外貌进行描述。（3分钟）

3. 向全班同学描述他/她的外貌，让同学们猜猜他/她是谁。（3—5分钟）

参考语言：高高的 胖胖的 瘦瘦的 长长的 短短的 大大的 小小的 黑黑的 白白的 开开心心 健健康康 尤其

三、书面表达

任务名称：我的好朋友。

任务要求：用形容词重叠式介绍自己的好朋友（包括年龄、职业、外貌、性格等）并写下来，要求150字以上。

参考语言：个子　千克　头发　眼睛　鼻子　耳朵　嘴　性格　尤其　有点儿

虽然……但是……　就是

第二课
Lesson 2

在病房里也可以看看书

学习目标 Learning Objectives

1. 语言功能：能介绍自己的个人爱好及业余生活。

2. 语言点：数词"几"、离合词重叠"AAB"式、副词"再"（2）、连词"并且"。

3. 医学知识：了解骨科手术后的注意事项。

4. 社会文化：了解中国人的业余生活及爱好。

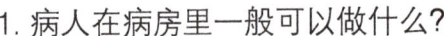

热身活动 Warming-up

1. 病人在病房里一般可以做什么？

2. 你有哪些爱好？

课文（一）
Text（1）

Mǎ Dàwéi lái gǔkē bìngfáng kàn Jímǐ.
（马 大为 来骨科 病房　看 吉米。）

Mǎ Dàwéi: Xiànzài gǎnjué zěnmeyàng le?
马大为：现在　感觉　怎么样 了？

Jímǐ: Hǎo duō le,　tuǐ yǐjīng bù téng le.
吉米：好　多 了，腿已经 不 疼 了。

Mǎ Dàwéi: Zuòwán shǒushù liù-qī tiān le ba?
马大为：做完　手术 六七 天 了吧？

Jímǐ: Duì,　dàifu shuō zài guò jǐ tiān jiù kěyǐ chāi xiàn le.
吉米：对，大夫 说 再过 几 天 就可以 拆 线 了。

Mǎ Dàwéi: Chāiwán xiàn jiù néng zǒulù ma?
马大为：拆完　线 就 能 走路 吗？

Jímǐ: Bù néng zǒu,　zhǐ néng tǎngzhe.
吉米：不 能 走，只 能 躺着。

Mǎ Dàwéi: Měi tiān tǎngzhe,　yídìng hěn wúliáo.
马大为：每 天 躺着，一定 很 无聊。

Jímǐ: Bù wúliáo, tǎngzhe yě kěyǐ shàngshang wǎng, kànkan xīnwén, tīngting
吉米：不无聊，躺着 也可以 上 上　网、看看 新闻、听听

yīnyuè. Zhè gè bìngfáng ānānjìngjìng de,　yě kěyǐ kànkan shū.
音乐。这 个 病房 安安静静 的，也可以 看看 书。

Mǎ Dàwéi: Wǒ juéde tài ānjìng le.
马大为：我 觉得 太安静 了。

生词 New words

1. 骨科	gǔkē	*n.*	orthopaedics
2. 看	kàn	*v.*	to visit, to call on
3. 腿	tuǐ	*n.*	leg
4. 拆线	chāi xiàn	*VO*	to take out stitches
5. 走路	zǒulù	*v.*	to walk, to go on foot
6. 无聊	wúliáo	*adj.*	bored
7. 上网	shàngwǎng	*v.*	to surf the internet
8. 新闻	xīnwén	*n.*	news
9. 音乐	yīnyuè	*n.*	music
10. 安静	ānjìng	*adj.*	quiet

语言点 Language Points

一、数词"几"

数词"几"表示不确定的数量，一般是比较小的数量，在 1—10 之间，其后一般要有量词。例如：

1. 大夫说再过几天就可以拆线了。

2. 我认识几个律师朋友。

3. 我们只见过几次面。

※ 练习：请用数词"几"完成句子

1. 你现在不能出院，＿＿＿＿＿＿＿＿＿＿＿＿＿＿＿＿。

2. 我下午要去健身房，＿＿＿＿＿＿＿＿＿＿＿＿＿＿＿。

3. 周末哥哥挺忙的，＿＿＿＿＿＿＿＿＿＿＿＿＿＿＿＿。

4. ＿＿＿＿＿＿＿＿＿＿＿＿＿＿＿＿，现在汉语说得不错。

二、离合词重叠 "AAB" 式

有的离合词可以重叠，其重叠形式为 "AAB" 式，表示时间短或者尝试，重叠后语气会变得轻松随意一些。例如：

见见面　跑跑步　聊聊天儿

游游泳　上上网　减减肥

※ 练习：请用所给离合词的重叠式完成对话或句子

1. A：周末你要做什么？

   B：_____。（跑步）

2. A：晚上没有课，你想做什么？

   B：_____。（上网）

3. 我太胖了，这样对身体不好，_____。（减肥）

4. A：你给妈妈打电话了？

   B：对，_____。（聊天儿）

综合练习 Comprehensive Exercises

一、根据拼音写汉字

1. yīnyuè _____　　3. zǒulù _____　　5. shàngwǎng _____

2. wúliáo _____　　4. xīnwén _____　　6. ānjìng _____

二、辨字组词

1. 网_____　　　　3. 乐_____

   肉_____　　　　　天_____

2. 静_____　　　　4. 闻_____

   请_____　　　　　问_____

三、选词填空

> 游戏　新闻　音乐　天儿　书

1. 跑步的时候，我喜欢听听_____，尤其是中国歌。

2. 马上要考试了，我想在房间里看看_____，复习复习。

3. 下课以后，很多同学会玩玩儿_____。

4. 吃完晚饭，爸爸经常会在手机上看看_____。

5. 我每天晚上都要和妈妈聊聊_____才睡觉。

四、选出下列词语在句子中的位置

1. 你别 A 躺 B 看 C 书，这对 D 眼睛不好。　　　　　（着）

2. 大夫说 A 我再 B 过 C 天才能 D 出院。　　　　　　（几）

3. 我 A 打算 B 下个周末 C 去一次 D 北京。　　　　　（再）

4. 我 A 去过 B 一次新疆，C 你经常 D 去吗？　　　　（只）

5. 我经常 A 做 B 作业 C 再 D 吃晚饭。　　　　　　　（完）

五、根据课文内容填空

　　吉米做完手术已经_____了，他感觉好多了，腿已经_____。大夫说，再过几天就可以_____了。拆完线还不能_____，只能_____。马大为觉得每天躺着，一定很_____。吉米觉得不无聊，因为躺着也可以_____网、_____新闻、听听_____。病房里人少，_____，也可以看看书。

六、根据课文内容回答问题

    1. 吉米为什么住院？   （腿）

    2. 吉米什么时候做的手术？   （七八天）

    3. 吉米什么时候拆线？   （几）

    4. 拆了线以后，吉米可以走路吗？   （不能……只能……）

    5. 吉米在医院里无聊吗？为什么？   （离合词重叠"AAB"式）

课文（二）
Text（Ⅱ）

Zhāng Jiālè hé Liú Yīmíng zài fàndiàn liáotiānr.
（张 佳乐和刘一鸣 在 饭店 聊天儿。）

Zhāng Jiālè: Nǐ yǒu shénme àihào?
张佳乐： 你有 什么 爱好？

Liú Yīmíng: Wǒ yǐqián hěn xǐhuan dǎ qiú, lánqiú, wǎngqiú, pīngpāngqiú, yǔmáoqiú
刘一鸣： 我 以前 很 喜欢 打球，篮球、网球、乒乓球、 羽毛球

dōu hěn xǐhuan, érqiě dǎ de dōu hěn hǎo.
都 很喜欢，而且 打得 都 很 好。

Zhāng Jiālè: Xiànzài ne?
张佳乐： 现在 呢？

Liú Yīmíng: Xiànzài hěn shǎo dǎ le.
刘一鸣： 现在 很 少 打了。

Zhāng Jiālè: Yùndòng kěyǐ duànliàn shēntǐ, yě kěyǐ jiǎnféi, nǐ yīnggāi duōyùndòng.
张佳乐： 运动 可以 锻炼 身体，也可以减肥，你 应该 多 运动。

Liú Yīmíng: Wǒ yě xiǎng yùndòng hé jiǎnféi, xiǎng zài shòu yìdiǎnr, kěshì jīngcháng
刘一鸣： 我 也想 运动 和减肥，想 再 瘦一点儿，可是 经常

jiābān, chūchāi, gōngzuò tài máng le, méiyǒu shíjiān. Jiānglái bù
加班、出差，工作 太 忙 了，没有 时间。将来 不

máng de shíhou, wǒ zài duànliàn ba.
忙 的 时候，我 再 锻炼 吧。

Zhāng Jiālè: Nà nǐ xiànzài méiyǒu àihào le ma?
张佳乐： 那你 现在 没有 爱好 了吗？

Liú Yīmíng: Wǒ xiànzài de àihào jiù shì gēn nǐ jiànjian miàn, liáoliao tiānr.
刘一鸣： 我 现在 的爱好 就是 跟你 见见 面，聊聊 天儿。

生词 New words

1. 爱好	àihào	*n.*	hobby
2. 打球	dǎ qiú	*VO*	to play a ball game
3. 网球	wǎngqiú	*n.*	tennis
4. 乒乓球	pīngpāngqiú	*n.*	table tennis
5. 羽毛球	yǔmáoqiú	*n.*	badminton
6. 身体	shēntǐ	*n.*	body, health
7. 加班	jiābān	*v.*	to work overtime
8. 出差	chūchāi	*v.*	to be on a business trip
9. 将来	jiānglái	*n.*	future

语言点 Language Points

副词"再"（2）

副词"再"用在形容词前，表示程度的增加，有"更"的意思，其后常跟"一点儿"或"一些"。例如：

1. 我也想再瘦一点儿。

2. 这件衣服再便宜一点儿，可以吗？

3. 你太瘦了，得再胖一点儿才好看。

※ 练习：组词成句

1. 我希望　高一点儿　个子　再

　＿＿＿＿＿＿＿＿＿＿＿＿＿＿＿＿＿

2. 说得　再　请　清楚一点儿

　＿＿＿＿＿＿＿＿＿＿＿＿＿＿＿＿＿

3. 有　这件衣服　吗　再　大一些的

　＿＿＿＿＿＿＿＿＿＿＿＿＿＿＿＿＿

4.苹果 便宜一些 再 吧

_____

综合练习 Comprehensive Exercises

一、根据拼音写汉字

1. àihào _____
2. jiābān _____
3. wǎngqiú _____
4. shēntǐ _____
5. chūchāi _____
6. jiānglái _____

二、辨字组词

1. 乒_____
   兵_____

2. 爱_____
   我_____

3. 体_____
   休_____

4. 身_____
   真_____

三、选词填空

爱好 音乐 兴趣 身体 性格

1.哥哥对做饭没有_____。

2.我喜欢跟_____幽默的人聊天儿。

3.我有很多_____，喜欢打球、游泳、跑步和唱歌。

4.妈妈下班以后，喜欢听听_____、看看电影，放松放松。

5.我们去运动吧，医生说经常锻炼对_____好。

四、选出下列词语在句子中的位置

1. 我觉得 A 这些东西 B 太贵了，能 C 便宜一点儿 D 吗？ （再）

2. A 有时间 B 的时候，我想 C 再去一次新疆 D 看看。 （将来）

3. A 你应该 B 去跑跑步 C，不能 D 一直在宿舍里躺着。 （多）

4. 跟 A 中国人聊天儿 B 帮助我们 C 学好 D 汉语。 （可以）

5. A 他这个人没有很多 B，对 C 很多事情都没有 D 兴趣。 （爱好）

五、根据课文内容填空

张佳乐问刘一鸣有什么爱好，刘一鸣说他以前很喜欢_____，篮球、网球、乒乓球、羽毛球都很喜欢，而且_____都很好，但现在_____打了。张佳乐觉得运动可以锻炼_____，也可以_____，刘一鸣应该多运动。刘一鸣也想运动和减肥，想再_____一点儿，可是经常加班、_____，工作太_____了，没有时间。将来_____，他再_____吧。他现在的爱好就是跟张佳乐见_____、聊_____。

六、根据课文内容回答问题

1. 刘一鸣以前的爱好是什么？ （打球、而且）

2. 刘一鸣现在经常运动吗？为什么？ （可是、加班、出差）

3. 张佳乐说运动有什么好处（hǎochù, advantage）？

（可以……也可以……）

4. 刘一鸣打算什么时候再运动？ （将来）

5. 刘一鸣现在的爱好是什么？ （离合词重叠"AAB"式）

课文（三）
Text（III）

Zhāng Jiālè jièshào zìjǐ de shēnghuó.
（张 佳乐 介绍 自己 的 生活。）

Yǐqián, wǒ àihào hěn duō, chángcháng gēn péngyou yìqǐ chàngchang gē,
以前，我 爱好 很 多， 常常 跟 朋友 一起 唱 唱 歌、

tiàotiao wǔ, bìngqiě duì huà huàr, tán gāngqín yě hěn gǎn xìngqù. Dāngle hùshi
跳 跳 舞，并且 对 画 画儿、弹 钢琴 也 很 感 兴趣。 当了 护士

yǐhòu, wǒ yào gěi bìngrén dǎzhēn, ná yào, hái yào guānxīn, zhàogù tāmen; měi
以后， 我 要 给 病人 打针、拿 药，还 要 关心、照顾 他们；每

tiān shàngbān dōu hěn máng, hái jīngcháng shàng yèbān; xiàbān huídào jiā, hái yào
天 上班 都 很 忙，还 经常 上 夜班；下班 回到 家， 还要

dǎsǎo dǎsǎo fángjiān, zhěnglǐ zhěnglǐ dōngxi, jiù méiyǒu shíjiān chànggē, tiàowǔ le.
打扫 打扫 房间、整理 整理 东西，就 没有 时间 唱歌、跳舞了。

Suīrán xiànzài de shēnghuó hěn xīnkǔ, kěshì měi cì kàndào bìngrén kāngfù, wǒ jiù
虽然 现在 的 生活 很 辛苦，可是 每次 看到 病人 康复，我 就

juéde hěn kāixīn.
觉得 很 开心。

生词 New words

1. 生活	shēnghuó	*n./v.*	life; to live
2. 跳舞	tiàowǔ	*v.*	to dance
跳	tiào	*v.*	to jump
3. 并且	bìngqiě	*conj.*	in addition
4. 画画儿	huà huàr	*VO*	to draw pictures
画	huà	*v.*	to paint, to draw
画儿	huàr	*n.*	painting, pictures
5. 弹钢琴	tán gāngqín	*VO*	to play piano
弹	tán	*v.*	to play
钢琴	gāngqín	*n.*	piano
6. 对……感兴趣	duì…gǎn xìngqù		to be interested in sth.
感兴趣	gǎn xìngqù	*VO*	to be interested in
7. 关心	guānxīn	*v.*	to concern
8. 夜班	yèbān	*n.*	night shift
9. 下班	xiàbān	*v.*	to get off work
10. 回家	huí jiā	*VO*	to go home
11. 辛苦	xīnkǔ	*adj.*	work hard

语言点 Language Points

连词"并且"

连词"并且"表示更进一层，可以连接动词、形容词、副词或者小句。例如：

1. 我爱好很多，常常跟朋友一起唱唱歌、跳跳舞，并且对画画儿、弹钢琴也很感兴趣。

2. 他喜欢打乒乓球，并且打得很好。

3. 马大为的汉语说得很流利，并且还很标准。

※ 练习：请用连词"并且"完成句子

1. 马大为会说汉语，_____。

2. 王东会做饭，_____。

3. 我们都参加了足球比赛，_____。

4. 三亚很漂亮，_____。

综合练习 Comprehensive Exercises

一、根据拼音写汉字

1. bìngqiě _____   3. tiàowǔ _____   5. xiàbān _____

2. shēnghuó _____   4. guānxīn _____   6. xīnkǔ _____

二、辨字组词

1. 且_____   3. 跳_____

   直_____   跑_____

2. 并_____   4. 活_____

   开_____   话_____

三、选词填空

锻炼　加班　出差　上网　关心

1. 我父母特别_____我的学习。

2. 现在用手机_____买东西非常方便。

3. 医生这个工作需要经常_____，有时候很晚才回家，很辛苦。

4. 在中国，很多老年人（lǎoniánrén, old people）早上会去公园（gōngyuán, park）_____身体。

5. 爸爸是名律师，经常要去别的地方_____，很少在家。

四、选出下列词语在句子中的位置

1. A 想学好汉语，B 你不但要多听多说，C 还要 D 多读多写。　　（并且）

2. A 哥哥不胖 B，C 可是他 D 很想减肥。　　（虽然）

3. A 第一次 B 病人打针 C 的时候 D，我也很怕。　　（给）

4. A 下班 B，我常常先 C 去健身房锻炼身体 D。　　（以后）

5. 我 A 大概 B 二十分钟就能从家里走 C 学校 D。　　（到）

五、根据课文内容填空

以前，我_____很多，常常_____朋友一起唱唱歌、跳跳舞，_____对画画儿、弹钢琴也很_____。当了护士以后，我要_____病人打针、拿药，还要关心、照顾他们；每天上班都很忙，还经常_____；下班回到家，还要_____房间、整理整理_____，就没有时间_____、_____了。虽然现在的生活很_____，可是每次看到病人康复，我就觉得很_____。

六、根据课文内容回答问题

1. 以前，张佳乐有什么爱好？　　（并且、对……感兴趣）

2. 当了护士以后，张佳乐每天忙什么？　　（给）

3. 下班以后，张佳乐要做什么？　　（动词重叠"ABAB"式）

4. 张佳乐现在还唱歌、跳舞吗？为什么？　　（没有）

5. 张佳乐什么时候觉得很开心？　　（可是、每次）

一、阅读理解

有研究显示，长期久坐不运动给我们带来的坏处和抽烟、糖尿病一样，会大大提高患心血管疾病人的死亡风险。最近英国一项对 4300 万上班族的研究证实，走路或骑车上班可以预防心脏病。调查显示，1 年内走路或骑车上班的人心梗发生率比坐车、开车上班的人降低了 1.7%。当然，这些研究并不是鼓励大家都走路或骑车上班，因为每个人上班的路程不一样，只是告诉大家走路、骑车这样的运动对身体是有好处的。

来源：科普中国《60 岁以后每天早上走 1 个小时，晚上走 1 个小时，对身体有好处吗？》

补充词汇

1. 研究	yánjiū	*v.*	to study, to research
2. 显示	xiǎnshì	*v.*	to show
3. 糖尿病	tángniàobìng	*n.*	diabetes mellitus
4. 提高	tígāo	*v.*	to increase
5. 患	huàn	*v.*	to suffer from
6. 心血管疾病	xīnxuèguǎn jíbìng		cardiovascular disease
7. 死亡	sǐwáng	*v.*	to die
8. 风险	fēngxiǎn	*n.*	risk, danger
9. 上班族	shàngbānzú	*n.*	office workers
10. 证实	zhèngshí	*v.*	to confirm
11. 预防	yùfáng	*v.*	to prevent
12. 心脏病	xīnzàngbìng	*n.*	heart disease
13. 调查	diàochá	*v./n.*	to investigate; investigation
14. 心梗	xīngěng	*n.*	cardiac (or myocardial) infarction
15. 发生率	fāshēnglǜ	*n.*	incidence
16. 降低	jiàngdī	*v.*	to reduce

回答问题

1. 久坐不动与频繁运动，哪一种生活方式的死亡风险更高?

2. 调查显示走路或骑车上班可以预防什么?

3. 1年内走路或骑车上班的人心梗发生率比坐车、开车上班的人降低了多少?

二、口头表达

任务名称：你对什么（不）感兴趣?

任务要求：1. 三个学生一组，互相询问各自的兴趣。（3分钟）

2. 每组选一名代表向全班同学介绍自己小组成员的兴趣爱好。（3—5分钟）

参考语言：唱歌　跳舞　打球　看书　听音乐　玩儿游戏　聊天儿　画画儿

弹钢琴　看新闻　爱好　对……（不）感兴趣　只　几

三、书面表达

任务名称：我的爱好。

任务要求：请用离合词重叠式介绍一下自己的爱好并写下来，要求150字以上。

参考语言：唱唱歌　跳跳舞　打打球　上上网　看看书　聊聊天儿　打打游戏

弹弹钢琴　听听音乐　常常　并且　虽然……但是……　尤其

不用送什么礼物

学习目标 Learning Objectives

1. 语言功能：能就某一话题展开讨论并发表自己的见解。

2. 语言点：复合趋向补语"起来"的引申用法、介词"根据"、疑问代词表虚指、副词"其实"。

3. 医学知识：了解病人休养的注意事项。

4. 社会文化：了解中国人探望病人时的送礼习惯。

热身活动 Warming-up

1. 如果去看望病人，你会带什么礼物？

2. 在你的家乡，人们一般会给刚出生的小宝宝送什么礼物？

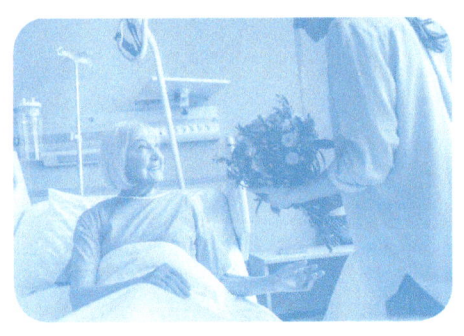

课文（一）
Text（Ⅰ）

Jīn Lóng, Měilì hé Wáng Chén zài shāngliang kàn bìngrén yào mǎi shénme lǐwù.
（金龙、美丽和王晨在商量看病人要买什么礼物。）

Jīn Lóng: Zánmen qù kàn Jímǐ, sòng tā shénme dōngxi?
金龙：咱们去看吉米，送他什么东西？

Měilì: Sòng huār ba. Kàndào huār, Jímǐ de xīnqíng huì hǎo qǐlai.
美丽：送花儿吧。看到花儿，吉米的心情会好起来。

Jīn Lóng: Jímǐ bù xǐhuan huār. Wáng Chén, zài Zhōngguó, kàn bìngrén yìbān
金龙：吉米不喜欢花儿。王晨，在中国，看病人一般

sòng shénme dōngxi?
送什么东西？

Wáng Chén: Zhè yào gēnjù bìngrén de qíngkuàng. Yǒude bìngrén xūyào gèng duō de
王晨：这要根据病人的情况。有的病人需要更多的

yíngyǎng, wǒmen kěyǐ sòng niúnǎi, shuǐguǒ děng; yǒude bìngrén zhùyuàn
营养，我们可以送牛奶、水果等；有的病人住院

de shíjiān cháng, kěnéng huì juéde hěn wúliáo, wǒmen kěyǐ sòng yǒu
的时间长，可能会觉得很无聊，我们可以送有

yìsi de shū; yǒude bìngrén xǐhuan huār, wǒmen sòng huār jiù hěn
意思的书；有的病人喜欢花儿，我们送花儿就很

héshì.
合适。

Jīn Lóng: Jímǐ zuì xǐhuan qiǎokèlì hé niúnǎi, wǒmen jiù sòng qiǎokèlì hé niúnǎi
金龙：吉米最喜欢巧克力和牛奶，我们就送巧克力和牛奶

ba.
吧。

生词 New words

1. 商量	shāngliang	*v.*	to discuss
2. 礼物	lǐwù	*n.*	gift
3. 花儿	huār	*n.*	flower
4. 心情	xīnqíng	*n.*	mood
5. 一般	yìbān	*adj.*	general
6. 根据	gēnjù	*prep.*	according to
7. 营养	yíngyǎng	*n.*	nutrition
8. 牛奶	niúnǎi	*n.*	milk
9. 等	děng	*part.*	and so on
10. 合适	héshì	*adj.*	appropriate
11. 巧克力	qiǎokèlì	*n.*	chocolate

语言点 Language Points

一、复合趋向补语"起来"的引申用法

"动词/形容词+起来"可以表示动作行为或者状态开始并持续下去。例如：

1. 看到花儿，吉米的心情会好起来。

2. 看到妈妈，孩子笑（xiào，smile）起来了。

3. 一到冬天，哈尔滨就热闹起来了。

当动词后既有"起来"又有宾语时，其结构为：动词+起+宾语+来。例如：

4. 时间还早，他就坐在沙发上看起电视来。

5. 孩子一回家就写起作业来。

6. 她一到夏天就减起肥来。

※ 练习：请用复合趋向补语"起来"和所给词语完成句子

  1. 夏天到了，天气＿＿＿＿＿＿＿＿＿＿＿＿＿＿＿。（热）

2. 已经十一月了，北京_____。（冷）

3. 听到音乐，同学们_____。（跳舞）

4. 我们爬山的时候，突然_____。（下雨）

二、介词"根据"

介词"根据"后面常跟名词，表示以某种事物或动作行为为前提或基础。例如：

1. 中国人一般根据病人的情况送礼物。

2. 老师希望同学们根据自己的兴趣找工作。

3. 根据医生的检查，小刘需要做一个小手术。

※ 练习：组词成句

1. 放假时间　回国　留学生　根据

   _____

2. 病人的感觉　看病　医生　根据　不能

   _____

3. 检查结果　根据　医生　开药

   _____

4. 找工作　很多人　兴趣　根据

   _____

综合练习 Comprehensive Exercises

一、根据拼音写汉字

1. niúnǎi _____

2. yìbān _____

3. héshì _____

4. shāngliang _____

5. xīnqíng _____

6. gēnjù _____

二、辨字组词

1. 牛＿＿＿＿＿＿＿   3. 养＿＿＿＿＿＿＿

   午＿＿＿＿＿＿＿   样＿＿＿＿＿＿＿

2. 合＿＿＿＿＿＿＿   4. 据＿＿＿＿＿＿＿

   全＿＿＿＿＿＿＿   抽＿＿＿＿＿＿＿

三、选词填空

> 一般　根据　合适　起来　会

1. 手术以后，奶奶的身体慢慢（mànmàn，slowly）好＿＿＿＿＿＿了。

2. 你穿得太少了，可能＿＿＿＿＿＿感冒。

3. 你＿＿＿＿＿＿什么时候量血压？

4. 你要＿＿＿＿＿＿自己的身体情况进行锻炼。

5. 大号的衣服你穿不＿＿＿＿＿＿，你应该穿小号的。

四、选出下列词语在句子中的位置

1. A 马上就要 B 考试了，C 希望你们都能 D 自己的情况做准备。（根据）

2. 我 A 都是 B 自己 C 一个人 D 去图书馆学习。　　　　　　（一般）

3. 结婚 A 以后，哥哥 B 就 C 胖 D 了。　　　　　　　　　　（起来）

4. 爸爸做的饭 A 比 B 妈妈做的 C 好吃 D。　　　　　　　　　（更）

5. 周末我 A 去超市 B 买了 C 苹果、葡萄 D 水果。　　　　　　（等）

五、根据课文内容填空

　　吉米在住院，金龙、美丽和王晨要去看他。金龙问大家送吉米什么＿＿＿＿＿＿＿＿比较好，美丽觉得送花儿好。因为看到花儿，吉米的心情会好_____。可是，金龙说吉米不_____花儿。金龙想知道在中国，看病人_____送什么东西，王晨说这要_____病人的情况。有的病人需要更多的营养，我们可以送_____、水果等；有的病人住院的时间长，可能会_____，我们可以送有意思的书；有的病人喜欢花儿，那我们送花儿就很_____。金龙知道吉米最喜欢_____和_____，所以他们最后就决定（juédìng，decide）送吉米这两个礼物了。

六、根据课文内容回答问题

1. 美丽为什么想给吉米送花儿？　　　　　　　　（起来）

2. 金龙为什么觉得送花儿不合适？

3. 王晨说在中国，看病人一般送什么东西？　　　（根据）

4. 吉米最喜欢什么？

5. 他们最后要给吉米送什么礼物？

课文（二）
Text（II）

Mǎ Dàwéi, Wáng Chén hé Yuèliang zài liáotiānr.
（马大为、王 晨 和 月亮 在 聊天儿。）

Wáng Chén: Hǎo xiāoxi, wǒ gē dāng bàba le!
王晨：好 消息， 我 哥 当 爸爸 了！

Mǎ Dàwéi: Nánháir háishi nǚháir?
马大为：男孩儿 还是 女孩儿？

Wáng Chén: Nánháir, 4.3 qiānkè!
王晨：男孩儿，4.3 千克！

Yuèliang: Zánmen shénme shíhou qù kànkan háizi ba, zhēn xiǎng bàobao tā.
月亮：咱们 什么 时候 去 看看 孩子吧，真 想 抱抱 他。

Mǎ Dàwéi: Hǎo, nà wǒmen tǎolùn yíxià gěi xiǎo bǎobao sòng shénme. Tīngshuō
马大为：好， 那 我们 讨论 一下 给 小 宝宝 送 什么。听说

Zhōngguórén dōu sòng hóngbāo.
中国人 都 送 红包。

Wáng Chén: Wǒmen shì xuéshēng, méiyǒu shōurù, búyòng sòng shénme dōngxi.
王晨：我们 是 学生， 没有 收入， 不用 送 什么 东西。

Mǎ Dàwéi: Bú sòng lǐwù, duō méi lǐmào.
马大为：不 送 礼物， 多 没 礼貌。

Yuèliang: Wǒ yǒu yí gè zhǔyi, wǒmen kěyǐ sòng yīfu hé wánjù. Shéi yǒu kòngr
月亮：我 有 一个主意，我们 可以 送 衣服和玩具。谁 有 空儿

kěyǐ xiān qù shāngchǎng kànkan.
可以 先 去 商场 看看。

Mǎ Dàwéi: Wáng Chén, xiǎo bǎobao jiào wǒmen gēge, jiějie, háishi shūshu,
马大为：王 晨， 小 宝宝 叫 我们 哥哥、姐姐，还是 叔叔、

āyí?
阿姨？

Wáng Chén: Nǐmen shì wǒ de péngyou, dāngrán shì shūshu, āyí le.
王晨：你们 是 我的 朋友，当然 是 叔叔、阿姨了。

Mǎ Dàwéi: Nà wǒ jiù shì Mǎ shūshu!
马大为：那 我 就是 马 叔叔！

生词 New words

1. 消息	xiāoxi	*n.*	news, message
2. 抱	bào	*v.*	to embrace
3. 红包	hóngbāo	*n.*	red packet
4. 收入	shōurù	*n.*	income
5. 礼貌	lǐmào	*n./adj.*	politeness; polite
6. 主意	zhǔyi	*n.*	idea
7. 玩具	wánjù	*n.*	toy
8. 商场	shāngchǎng	*n.*	shopping mall
9. 叔叔	shūshu	*n.*	uncle
10. 阿姨	āyí	*n.*	aunt

语言点 Language Points

疑问代词表虚指

　　在汉语中，疑问代词有时可以用来代指那些不知道、不想说或没有必要说出来的人或事物。例如：

　　1. 我们是学生，没有收入，不用送什么东西。

　　2. 我的白大褂呢？是不是谁拿走了？

　　3. 哪天你有时间咱们一起喝杯咖啡吧。

※ 练习：请用所给疑问代词完成对话或句子

　　1. A：听说王老师生病住院了。

　　　　B：＿＿＿＿＿＿＿＿＿＿＿＿＿＿＿＿＿。（什么时候）

　　2. 大为，帮我找找我的手机吧，＿＿＿＿＿＿＿＿＿＿＿＿＿＿＿。（哪儿）

　　3. 明年寒假，我打算带孩子＿＿＿＿＿＿＿＿＿＿＿＿＿＿＿。（哪里）

4. A：_____。（哪天）

    B：好啊，没问题。

综合练习 Comprehensive Exercises

一、根据拼音写汉字

1. xiāoxi _____
3. shōurù _____
5. hóngbāo _____

2. zhǔyi _____
4. lǐmào _____
6. shūshu _____

二、辨字组词

1. 抱_____
   包_____

3. 商_____
   意_____

2. 入_____
   人_____

4. 收_____
   放_____

三、选词填空

> 礼貌　主意　消息　收入　阿姨　叔叔

1. 在我们国家（country），医生的_____很高，想当医生的人很多。

2. 你找工作的事儿有_____了吗?

3. 在中国，我们一般叫爸爸妈妈的朋友_____和_____。

4. 儿子，你对人一定要有_____，尤其是对老人。

5. 我想周末出去玩玩儿，你有什么好_____吗?

四、选出下列词语在句子中的位置

1. 你 A 喜欢 B 喝茶 C 咖啡 D？ （还是）
2. A 下雪 B 的 C 时候 D 冷啊！ （真）
3. 你 A 想 B 时候给 C 我打电话 D 都可以。 （什么）
4. 护士 A 不知道 B 病人 C 去了 D。 （哪儿）
5. 如果 A 妈妈知道你 B 经常感冒 C，她得 D 担心啊！ （多）

五、根据课文内容填空

　　王晨告诉朋友们一个好_____，他哥哥当_____了，有了个 4.3_____重的小宝宝。大家都很高兴，月亮建议大家一起去看看小宝宝，于是他们开始讨论给小宝宝送什么。马大为说中国人一般都送_____，但是王晨说他们是学生，没有_____，不用送_____东西。月亮说他们可以送些小礼物，_____、_____等都可以。马大为想知道小宝宝应该叫他们_____还是_____，王晨说他们是自己的朋友，所以小宝宝要叫他们叔叔、阿姨。

六、根据课文内容回答问题

1. 谁当爸爸了？
2. 月亮想去看小宝宝吗？为什么？ （真）
3. 王晨觉得大家需要给小宝宝送礼物吗？为什么？ （收入、什么）
4. 马大为想给小宝宝送礼物吗？为什么？ （多、礼貌）
5. 月亮想给小宝宝送什么礼物？

课文（三）
Text（Ⅲ）

Yì Wén jièshào bǎobao chūshēng hòu de shēnghuó.
（艺文 介绍 宝宝 出生 后 的 生活。）

Wǒmen jiā de xiǎo bǎobao chūshēng yí gè yuè le, chīfàn, shuìjiào dōu hěn hǎo,
我们 家 的 小 宝宝 出生 一个 月 了，吃饭、睡觉 都 很 好，

gāoxìng de shíhou jiù xiào, bù gāoxìng de shíhou jiù kū, fēicháng jiànkāng. Hěn duō
高兴 的 时候 就 笑，不 高兴 的 时候 就 哭，非常 健康。很 多

qīnqi, péngyou lái kàn tā, wǒmen shōudàole hěn duō lǐwù. Yǒu piàoliang de xiǎo
亲戚、朋友 来 看 他，我们 收到了 很 多 礼物。有 漂亮 的 小

yīfu, yǒu kě'ài, hǎowánr de wánjù, hái yǒu hěn duō hóngbāo, hóngbāo shàng
衣服，有 可爱、好玩儿 的 玩具，还 有 很 多 红包，红包 上

xiězhe "Zhù bǎobao jiànkāng kuàilè!" děng zhùfú. Qíshí, sòng shénme lǐwù bú
写着 "祝 宝宝 健康 快乐！" 等 祝福。其实，送 什么 礼物 不

zhòngyào, zhòngyào de shì dàjiā duì háizi de guānxīn hé ài.
重要， 重要 的 是大家对孩子的 关心 和爱。

生词 New words

1. 出生	chūshēng	*v.*	to be born
2. 笑	xiào	*v.*	to laugh
3. 哭	kū	*v.*	to cry
4. 亲戚	qīnqi	*n.*	relative
5. 收	shōu	*v.*	to accept
6. 好玩儿	hǎowánr	*adj.*	funny, interesting
7. 祝	zhù	*v.*	to wish
8. 快乐	kuàilè	*adj.*	happy
9. 祝福	zhùfú	*v.*	to bless
10. 其实	qíshí	*adv.*	actually

语言点 Language Points

副词"其实"

副词"其实"表示后面所说的情况是真实的，常常跟上文所述情况相反。例如：

1. 她说她不太会说汉语，其实她的汉语很好。

2. 听说中国冬天很冷，其实，中国南方冬天不太冷。

"其实"后面所说的情况也可能表示对上文的补充。例如：

3. 马大为英语说得很好，其实，他的汉语说得也不错。

4. 宝宝出生一个月收到了很多礼物，其实送什么礼物不重要，重要的是大家对孩子的关心和爱。

※ 练习：请用副词"其实"完成对话或句子

1. A：在中国，去看病人送什么礼物好？

 B：_____。

2. 吉米摔伤了，他家人非常担心，_____。

3. 听说汉语很难，_____。

4. 天气预报说今天很冷，_____。

综合练习 Comprehensive Exercises

一、根据拼音写汉字

1. chūshēng _____   3. kuàilè _____   5. qíshí _____

2. xiào _____   4. zhùfú _____   6. kū _____

二、辨字组词

1. 快_____   3. 实_____

　 块_____   　 买_____

2. 亲_____   4. 祝_____

　 意_____   　 礼_____

三、选词填空

> 出生　祝　礼貌　收　消息

1. 你是哪年_____的？

2. 明天就要考试了，妈妈_____你考试顺利。

3. 今年生日你_____到多少礼物？

4. 好_____，王老师要结婚了！

5. 上课打电话是一件非常没有_____的事儿。

四、选出下列词语在句子中的位置

1. A 这件事不是你的错 B，是 C 你的朋友 D 做得不对。　　　（其实）

2. 桌子上 A 放 B 很多牛奶 C 和巧克力 D。　　　（着）

3. A 新的一年，B 你工作顺利，C 身体健康，D 生活幸福。　　　（祝）

4. 我 A 不知道 B 以后 C 会做 D 工作。　　　（什么）

5. 来 A 中国 B 以后 C，我看 D 了很多有意思的事情。　　　（到）

五、根据课文内容填空

我们家的小宝宝＿＿＿＿＿＿一个月了，吃饭、睡觉都很好，高兴的时候就
＿＿＿＿＿＿，不高兴的时候就＿＿＿＿＿＿，非常健康。很多＿＿＿＿＿＿来
看他，我们收到了很多礼物。有＿＿＿＿＿＿的小衣服，有可爱、＿＿＿＿＿＿的
玩具，还有很多＿＿＿＿＿＿，红包上＿＿＿＿＿＿"祝宝宝健康快乐！"等祝
福。＿＿＿＿＿＿，送什么礼物不重要，重要的是大家对孩子的＿＿＿＿＿＿和爱。

六、根据课文内容回答问题

1. 艺文的小宝宝出生多长时间了？

2. 艺文的小宝宝怎么样？

3. 亲戚、朋友给小宝宝送了什么礼物？　　　（有……有……还有……）

4. 亲戚、朋友给小宝宝的红包上写着什么？　　　（祝）

5. 艺文喜欢什么样的礼物？　　　（其实）

语言任务 Language Tasks

一、阅读理解

WHO（世界卫生组织）婴幼儿喂养指导（2005）认为，所有婴儿都应该纯母乳喂养到出生后 6 个月；7—24 个月时添加辅食，并且坚持母乳喂养到 2 岁。纯母乳喂养能够满足 6 月龄内婴儿所需要的全部液体（不需要另外补充水）、能量和营养素。6 月龄内婴儿需要大量能量和营养，但其消化器官和排泄器官尚未发育成熟，功能还不健全，而母乳既能满足婴儿全面的营养需求，又能完美地适应婴儿还未成熟的消化能力，促进器官发育和功能成熟。

来源：科普中国《新生家庭第一步：认知母乳》

补充词汇

1. 世界卫生组织	Shìjiè Wèishēng Zǔzhī	*n.*	WHO
2. 婴儿	yīng'ér	*n.*	infant
3. 幼儿	yòu'ér	*n.*	infant, child
4. 喂养	wèiyǎng	*v.*	to feed
5. 纯	chún	*adj.*	pure
6. 母乳	mǔrǔ	*n.*	breast milk
7. 辅食	fǔshí	*n.*	complementary food
8. 满足	mǎnzú	*v.*	to satisfy
9. 液体	yètǐ	*n.*	liquid
10. 能量	néngliàng	*n.*	energy
11. 消化器官	xiāohuà qìguān		digestive organ
12. 排泄器官	páixiè qìguān		excretory organ
13. 尚未	shàngwèi	*adv.*	not yet
14. 发育	fāyù	*v.*	to grow, to develop
15. 成熟	chéngshú	*adj.*	mature
16. 功能	gōngnéng	*n.*	function
17. 健全	jiànquán	*adj.*	sound, perfect

回答问题

1. WHO 认为所有婴儿都应该纯母乳喂养到多大？

2. WHO 认为所有婴儿应该坚持母乳喂养到多大？

3. 母乳喂养对孩子有什么好处？

二、口头表达

任务名称：我们送什么礼物？

任务背景：班上有位同学因为急性阑尾炎住院了，同学们打算去医院看他，大家
正在讨论给他带什么礼物。

任务要求：1. 三个学生一组，每组分别讨论给他带什么礼物。（3 分钟）

2. 每组选一名代表向全班同学介绍自己小组打算送的礼物以及原因。

（3—5 分钟）

参考语言：牛奶　花儿　巧克力　水果　等　合适　心情　营养　打算　因为

对……有好处

三、书面表达

任务名称：送礼的习俗。

任务要求：请介绍自己国家的送礼习俗，如送生日礼物、结婚礼物、节日礼物
等并写下来，要求 150 字以上。

参考语言：合适　祝福　主意　礼貌　心情　感觉　开心　希望　一般　根据

有的……有的……还有的……　其实

除了春天以外，别的季节我都不过敏

学习目标 Learning Objectives

1. 语言功能：能描述某一地区的气候特征。

2. 语言点：能愿动词"应该"（2）、比较句（3）、固定结构"除了……以外"（2）、介词"按照"、量词"场"、结果补语（2）。

3. 医学知识：了解皮肤过敏的表现及注意事项。

4. 社会文化：了解中国的气候特点。

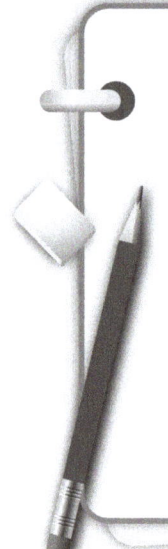

热身活动 Warming-up

1. 皮肤过敏会有哪些症状？

2. 你喜欢什么样的天气？为什么？

课文（一）
Text（Ⅰ）

Bìngrén lái pífūkē ménzhěn kànbìng.
（病人 来皮肤科 门诊 看病。）

dàifu: Nǎr bù shūfu?
大夫：哪儿 不 舒服？

bìngrén: Dàifu, wǒ de liǎn yòu gān yòu yǎng, hái hěn téng.
病人：大夫，我 的 脸 又 干 又 痒，还 很 疼。

dàifu: Yīnggāi shì pífū guòmǐn, duō cháng shíjiān le?
大夫：应该 是 皮肤 过敏，多 长 时间 了？

bìngrén: Sì-wǔ tiān le.
病人：四五 天 了。

dàifu: Yǐqián guòmǐnguo ma?
大夫：以前 过敏过 吗？

bìngrén: Měi nián chūntiān dōu guòmǐn, dàn méiyǒu jīnnián zhème yánzhòng.
病人：每 年 春天 都 过敏，但 没有 今年 这么 严重。

dàifu: Qítā jìjié guòmǐn ma?
大夫：其他 季节 过敏 吗？

bìngrén: Chúle chūntiān yǐwài, biéde jìjié wǒ dōu bú guòmǐn.
病人：除了 春天 以外，别的 季节 我 都 不 过敏。

dàifu: Wǒ gěi nǐ kāi liǎng zhǒng yào, nǐ ànzhào shuōmíngshū shǐyòng, bìngqiě yào
大夫：我 给 你 开 两 种 药，你 按照 说明书 使用，并且 要

duō hē shuǐ, zhùyì xiūxi.
多 喝水，注意休息。

bìngrén: Dàifu, dàgài duō cháng shíjiān néng hǎo? Wǒ xià zhōu děi chūchāi.
病人：大夫，大概 多 长 时间 能 好？我 下 周 得 出差。

dàifu: Sān-sì tiān jiù néng huīfù le.
大夫：三 四 天 就 能 恢复 了。

bìngrén: Hǎo de, xièxie nín!
病人：好 的，谢谢 您！

生词 New words

1. 皮肤科	pífūkē	*n.*	department of dermatology
皮肤	pífū	*n.*	skin, derma
……科	… kē	*n.*	department of
2. 门诊	ménzhěn	*v.*	to offer outpatient service
3. 干	gān	*adj.*	dry
4. 痒	yǎng	*adj.*	itching
5. 过敏	guòmǐn	*v./adj.*	to be allergic to; allergic
6. 但	dàn	*conj.*	but
7. 其他	qítā	*pron.*	other
8. 开药	kāi yào	*VO*	to prescribe drugs
9. 按照	ànzhào	*prep.*	according to
10. 说明书	shuōmíngshū	*n.*	instruction book
11. 使用	shǐyòng	*v.*	to use
12. 下	xià	*n.*	next, latter

语言点 Language Points

一、能愿动词"应该"（2）

能愿动词"应该"表示估计情况必然如此。例如：

1. 你的脸又干又痒，应该是皮肤过敏。

2. 哥哥现在应该在做手术。

3. 送玩具吧，小孩子应该都喜欢玩具。

※ 练习：请用能愿动词"应该"完成对话

1. A：马大为在哪儿?

   B：＿＿＿＿＿＿＿＿＿＿＿＿＿＿＿＿＿＿。

2. A: 不知道明天的考试难不难。

   B: _____。

3. A: 她的过敏严重吗?

   B: _____。

4. A: 吉米的腿拆线了吗?

   B: _____。

二、比较句（3）

比较句"A 没有 B（这么 / 那么）+ 形容词"，表示 A 在某方面没有达到 B 的程度。例如：

1. 每年春天都过敏，但没有今年这么严重。

2. 北京冬天没有哈尔滨那么冷。

3. 弟弟跑得没有哥哥那么快。

※ 练习：请用"A 没有 B（这么 / 那么）+ 形容词"造句

1. 美丽 160cm   月亮 172cm

   _____

2. 黑色的手机 3000 块   白色的手机 4000 块

   _____

3. 昨天 30℃   今天 35℃

   _____

4. 姐姐家 200 ㎡   我家 100 ㎡

   _____

三、固定结构"除了……以外"（2）

固定结构"除了……以外"可以表示排除特殊的，其他的部分具有一致性。此时，该结构常用在"除了……（以外），……都……"格式中，"以外"可以省略。例如：

1. 除了春天以外，别的季节我都不过敏。

2. 除了汉语，别的语言（yǔyán，language）她都不会说。

3. 除了周末以外，我们每天都有课。

※ 练习：请用"除了……（以外）"完成句子

1. _____，哥哥都喜欢吃。

2. _____，我都不认识。

3. _____，他都没有去过。

4. _____，我们每天都要上课。

四、介词"按照"

介词"按照"后面常引出某种规定、条件或者标准，一般不能接单音节词语。例如：

1. 我给你开的药你要按照说明书使用。

2. 这次考试你要按照老师说的准备。

3. 按照预产期，她一周后就得去住院。

※ 练习：选出介词"按照"在下列句子中的正确位置

1. 这次考试 A 我们要 B 老师说的 C 好好儿 D 复习。

2. A 病人 B 要 C 说明书 D 吃药。

3. A 天气预报，B 明天一定 C 会 D 下雨。

4. 这药你 A 一定 B 要 C 医生说的 D 使用。

综合练习 Comprehensive Exercises

一、根据拼音写汉字

1. shǐyòng _____

2. pífū _____

3. qítā _____

4. ànzhào _____

5. guòmǐn _____

6. shuōmíngshū _____

二、辨字组词 Discriminate between Chinese characters and make words

1. 敏＿＿＿＿＿＿＿   3. 按＿＿＿＿＿＿＿

      每＿＿＿＿＿＿＿   安＿＿＿＿＿＿＿

2. 使＿＿＿＿＿＿＿   4. 其＿＿＿＿＿＿＿

      更＿＿＿＿＿＿＿   具＿＿＿＿＿＿＿

三、选词填空

> 但　其他　按照　没有　应该

1. 这个问题你明白了吗？还有＿＿＿＿＿＿＿问题吗？

2. 这两种药＿＿＿＿＿＿＿说明书使用就可以。

3. 今天＿＿＿＿＿＿＿昨天忙，一会儿你可以休息休息。

4. 我很喜欢看电影，＿＿＿＿＿＿＿不喜欢这个电影。

5. 王大夫没在办公室，＿＿＿＿＿＿＿是去病房了。

四、选出下列词语在句子中的位置

1. 你 A 什么 B 时候 C 回国 D？   （大概）

2. A 张老师，B 办公室里的其他老师 C 我 D 都不认识。 （除了）

3. A 大部分学生 B 都是 C 老师的 D 建议做的。   （按照）

4. A 我的 B 汉语 C 他的 D 好。   （没有）

5. A 要是 B 没有 C 事儿的话，D 我先回家了。   （其他）

五、根据课文内容填空

    有个病人脸＿＿＿＿＿＿＿＿＿＿，还很疼，已经四五天了。医生说，这应该是皮肤＿＿＿＿＿＿＿＿＿＿。这个病人每年春天都过敏，但是＿＿＿＿＿＿＿＿＿＿今年这么严重。除了春天以外，_____季节他都不过敏。医生给他_____，让他按照说明书使用，_____还让他多喝水，注意休息，这样三四天就能恢复了。

六、根据课文内容回答问题

1. 病人为什么来医院？　　　　　　　　　（又……又……）
2. 病人以前过敏过吗？　　　　　　　　　（但）
3. 病人哪个季节过敏？　　　　　　　　　（除了……以外，……都……）
4. 大夫是怎么治疗（zhìliáo，treat）的？　（按照）
5. 大夫说病人多长时间能恢复？　　　　　（就）

课文（二）
Text（Ⅱ）

Měilì hé Yuèliang zài liáotiānr.
（美丽 和 月亮 在 聊天儿。）

Měilì: Yòu xià xuě le!
美丽：又 下 雪 了!

Yuèliang: Gāngcái hái yǒu tàiyáng, zěnme tūrán yòu guā fēng yòu xià xuě le?
月亮：刚才 还有 太阳，怎么 突然 又 刮 风 又 下 雪 了?

Měilì: Shì a, zhè yǐjīng shì jīnnián dōngtiān de dì-sān cháng xuě le.
美丽：是啊，这已经 是 今年 冬天 的 第三 场 雪了。

Yuèliang: Nǐmen guójiā xià xuě ma?
月亮：你们 国家下 雪 吗?

Měilì: Dà bùfen dìfang bú xià xuě, zhǐ yǒu nánfāng yǒushí huì xià diǎnr xiǎoxuě.
美丽：大 部分 地方 不下雪，只有 南方 有时 会下点儿 小雪。

Nǐmen guójiā ne?
你们 国家 呢?

Yuèliang: Wǒmen guójiā bú xià xuě, chúle wǒ, wǒ de jiārén dōu méi jiànguo xuě.
月亮：我们 国家不下雪，除了我，我的家人 都 没 见过 雪。

Měilì: Zài Zhōngguó dì-yī cì kàndào xuě de shíhou, wǒ xīngfèn jí le.
美丽：在 中国 第一次 看到 雪 的 时候，我 兴奋极了。

Yuèliang: Zǒu, zánmen qù wánr xuě ba.
月亮：走，咱们 去玩儿 雪 吧。

生词 New words

1. 太阳	tàiyáng	*n.*	sun
2. 刮风	guā fēng	*VO*	to blow the wind
3. 场	cháng	*m.*	for the duration of sth.
4. 国家	guójiā	*n.*	country
5. 部分	bùfen	*n.*	part
6. 南方	nánfāng	*n.*	the southern part of the country
7. 有时	yǒushí	*adv.*	sometimes
8. 小雪	xiǎoxuě	*n.*	small snow

语言点 Language Points

量词 "场"

量词 "场"（cháng）侧重强调事情的经过，事情的发生往往是偶然的、不固定的。例如：

1. 这已经是今年冬天的第三场雪了。

2. 昨天下了一场很大的雨。

3. 今年的雨怎么一场比一场大？

※ 练习：选词填空

1. 你带上伞吧，听天气预报说今天有_____大雨。（次　场）

2. 我还从没见过雪，这是我来到中国以后看到的第一_____雪。（场　个）

3. 王晨说明天请我参加他哥哥的婚礼，但婚礼突然换时间了，我白（bái, in vain）高兴了一_____。（场　次）

4. 医生昨天说我的检查结果不太好，可能得做手术，今天又说打几天消炎针就行，我白（in vain）担心了一_____。（次　场）

一、根据拼音写汉字

1. tàiyáng _____

2. guā fēng _____

3. guójiā _____

4. bùfen _____

5. yǒushí _____

6. nánfāng _____

二、辨字组词

1. 阳_____

   阴_____

2. 刮_____

   利_____

3. 场_____

   填_____

4. 国_____

   周_____

三、选词填空

场　次　个　颗　家

1. 大为，你经常订外卖，给我推荐几_____又便宜又好吃的店吧。

2. 我第一_____来中国是在三年以前。

3. 医生说我的肠息肉有几_____比较大，得切除。

4. 每年下第一_____雪的时候，我总是（zǒngshì，always）兴奋极了。

5. 老师，我想问您几_____问题。

四、选出下列词语在句子中的位置

1. 昨天 A 晚上 B 下了一 C 大雨 D。　　　　　　　　　　　（场）

2. 大 A 同学 B 都 C 按时 D 完成了作业。　　　　　　　　　（部分）

3. A 周六 B，C 妈妈每天 D 都要去医院上班。 （除了）

4. 我觉得 A 用手机 B 支付 C 方便 D 了。 （极）

5. 同学们 A 都 B 听明白了 C，D 小李不太懂。 （只有）

五、根据课文内容填空

　　今天_____下雪了！刚才还有_____，怎么突然又_____

又_____了？这已经是今年冬天的第三_____雪了。在美丽的国家，

大_____地方不下雪，_____南方有时会下点儿小雪。月亮他们国家

全年不下雪，_____月亮，她的家人都没见过雪。在中国第一次看到雪的

时候，美丽兴奋_____。现在，美丽和月亮要去玩儿雪了。

六、根据课文内容回答问题

1. 今天天气怎么样？ （又……又……）

2. 美丽的国家会下雪吗？ （只有）

3. 月亮的国家会下雪吗？ （除了……都……）

4. 美丽第一次看到雪的时候，感觉怎么样？ （……极了）

5. 她们现在要去做什么？

课文（三）
Text（Ⅲ）

Yuèliang jièshào zài Zhōngguó de shēnghuó.
（月亮 介绍 在 中国 的 生活。）

Gāng lái Zhōngguó de shíhou, wǒ hěn bú shìyìng, yóuqí duì zhèlǐ de qìhòu bú
刚 来 中国 的时候，我 很 不适应，尤其 对 这里的气候 不

shìyìng. Wǒ xiànzài shēnghuó de chéngshì zài Zhōngguó de běifāng, dōngtiān tèbié
适应。我 现在 生活 的 城市 在 中国 的 北方， 冬天 特别

lěng, jīngcháng guā fēng, xià xuě, chūmén bìxū chuān hěn hòu de yīfu, bùgǎn
冷， 经常 刮 风、下 雪，出门 必须 穿 很 厚 的 衣服，不敢

suíbiàn tuō.
随便 脱。

Xiànzài wǒ lái Zhōngguó liǎng nián le, yuè lái yuè shìyìng zhèr de shēnghuó.
现在我来 中国 两 年了，越来越 适应 这儿 的 生活。

Suīrán dōngtiān háishi hěn lěng, kěshì xià xuě de shíhou, shìjiè biànchéngle báisè
虽然 冬天 还是 很 冷，可是 下雪 的 时候，世界 变成了 白色

de, fēicháng piàoliang, hé péngyoumen yìqǐ wánr xuě shì zuì kāixīn de.
的，非常 漂亮，和 朋友们 一起玩儿雪是 最 开心 的。

生词 New words

1. 适应　　　　shìyìng　　　*v.*　　　to adapt
2. 气候　　　　qìhòu　　　　*n.*　　　climate
3. 城市　　　　chéngshì　　　*n.*　　　city
4. 北方　　　　běifāng　　　　*n.*　　　the northern part of the country
5. 出门　　　　chūmén　　　　*v.*　　　to go out
6. 必须　　　　bìxū　　　　　*adv.*　　must, have to
7. 厚　　　　　hòu　　　　　*adj.*　　thick
8. 不敢　　　　bùgǎn　　　　*v.*　　　to dare not
   敢　　　　　gǎn　　　　　*v.*　　　to dare
9. 脱　　　　　tuō　　　　　*v.*　　　to take off
10. 世界　　　　shìjiè　　　　*n.*　　　world
11. 变成　　　　biànchéng　　*VC*　　　to become
12. 白色　　　　báisè　　　　*n.*　　　white

语言点 Language Points

结果补语（2）

结果补语"动词＋成"表示动作的结果是成为或者变成什么。例如：

1. 下雪的时候，世界变成了白色的。

2. 这个汉字是"太"，他写成了"大"。

3. 你怎么把猫画成狗了？太不像了！

※ 练习：选词填空

1. 服务员说四块钱，可是我听_____十块了。（成　说）

2. 生理学我们明天就学_____了。（成　完）

3. 我想说六点见面，可是说_____九点了。（过　成）

4. 手术做_____了，很成功。（完　成）

综合练习 Comprehensive Exercises

一、根据拼音写汉字

1. qìhòu _____
2. běifāng _____
3. báisè _____
4. shìyìng _____
5. chéngshì _____
6. shìjiè _____

二、辨字组词

1. 成_____
   城_____
2. 市_____
   中_____
3. 世_____
   去_____
4. 厚_____
   季_____

三、选词填空

城市　世界　国家　地方　附近

1. 我已经去过中国、泰国、尼泊尔等多个_____。

2. 哈尔滨是中国北方的一个_____。

3. 学校_____有一家中国银行（yínháng, bank）。

4. 北京很大，很多_____都很好玩儿。

5. 全_____有200多个国家和地区（dìqū, region）。

四、选出下列词语在句子中的位置

1. 爸爸 A 喜欢喝茶 B，C 是 D 绿茶。　　　　　　　　　（尤其）

2. 你 A 感冒了，B 要 C 多喝水 D，好好儿休息。　　　（必须）

3. A 不要 B 拿别人 C 的 D 东西。 （随便）

4. 新房子 A 很大 B，C 可是 D 离公司太远。 （虽然）

5. 我 A 特别 B 喜欢跟幽默的人 C 聊天儿 D。 （一起）

五、根据课文内容填空

刚来中国的时候，我很不_____，尤其对这里的_____不适应。我现在生活的城市在中国的_____，冬天特别冷，经常_____、下雪，出门必须穿很_____的衣服，不敢随便脱。

现在我来中国两年了，_____适应这儿的生活。虽然冬天_____很冷，可是下雪的时候，世界_____了白色的，非常漂亮，和朋友们_____玩儿雪是最开心的。

六、根据课文内容回答问题

1. 刚来中国的时候，月亮感觉怎么样？ （尤其）

2. 现在月亮在中国哪里生活？

3. 月亮生活的城市冬天气候怎么样？

4. 月亮现在适应这儿的生活了吗？ （越来越……）

5. 什么时候月亮觉得最开心？ （一起）

语言任务 Language Tasks

一、阅读理解

生活中怎么预防皮肤过敏？做好以下几点：1. 慎用化妆品。化妆品无疑是最容易引起皮肤过敏的物品之一，我们应尽量避免使用刺激皮肤的化妆品。

2. 远离皮肤过敏原。皮肤容易过敏的人应该远离那些可能引起皮肤过敏的物质。

3. 加强体育锻炼。运动能增进血液循环，在增强身体免疫系统的同时，增强皮肤的抵抗能力。4. 加强防晒。敏感性皮肤一般比较薄，阳光中的紫外线容易引发日光性皮炎。

来源：科普中国《蓝奇奇说科普——关于过敏，你了解多少？》

补充词汇

1. 慎用	shèn yòng	*VP*	to use with caution
2. 化妆品	huàzhuāngpǐn	*n.*	cosmetics
3. 引起	yǐnqǐ	*v.*	to cause, to lead to
4. 刺激	cìjī	*v./n.*	to stimulate; stimulation
5. 远离	yuǎnlí	*v.*	to be away from
6. 过敏原	guòmǐnyuán	*n.*	allergen
7. 加强	jiāqiáng	*v.*	to strengthen
8. 血液循环	xuèyè xúnhuán		blood circulation
9. 免疫系统	miǎnyì xìtǒng		immune system
10. 抵抗	dǐkàng	*v.*	to resist
11. 防晒	fángshài	*v.*	to protect from the sun
12. 紫外线	zǐwàixiàn	*n.*	ultraviolet rays
13. 日光性皮炎	rìguāngxìng píyán		Solar Dermatitis; actinic prurigo

回答问题

1. 皮肤过敏要做好哪几点？

2. 皮肤容易过敏的人在使用化妆品时要注意什么？

3. 加强体育锻炼对预防皮肤过敏有什么作用？

二、口头表达

任务名称：你适应这儿的气候吗？

任务要求：1. 三个学生一组，互相询问对当地气候的适应情况。（3分钟）

2. 每组选一名代表向全班同学介绍自己小组成员对当地气候的适应情况。（3—5分钟）

参考语言：气候　下雨　下雪　刮风　太阳　适应　世界　天气预报　对……

（不）适应　有时候

三、书面表达

任务名称：家乡的气候。

任务要求：请介绍自己家乡的气候并写下来，要求 150 字以上。

参考语言：城市　冷　暖和　下雨　下雪　刮风　生活　适应　舒服　一般

A 没有 B（这么 / 那么）+ 形容词　应该　对……很 / 不适应

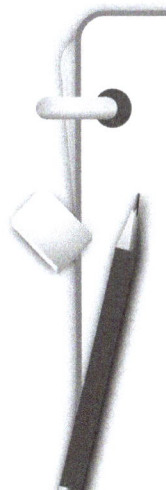

第五课 Lesson 5　这间病房不怎么大

学习目标 Learning Objectives

1. 语言功能：能描述某一房间的布置。

2. 语言点：疑问代词"怎么"（2）、副词"却"、固定结构"和……相反"、副词"从来"、存在句（2）/动态助词"着"（3）。

3. 医学知识：了解中国医院的病房配置。

4. 社会文化：了解中国家庭的房间布置。

热身活动 Warming-up

1. 请介绍一下自己的家。

2. 你租过房子吗？你对租的房子有什么要求？

课文（一）
Text（1）

Zhāng Jiālè zài cháfáng.
（张　佳乐 在 查房。）

病人家属： bìngrén jiāshǔ: Zhāng hùshi, zhè jiān bìngfáng bù zěnme dà, què zhùle sān wèi bìngrén.
张　护士，这间 病房 不怎么大，却 住了三 位 病人。

Wǒ fùqin de bìng hěn yánzhòng, wǒ hé mǔqin dōu yào zài zhèr péi
我 父亲的病 很 严重，我和母亲 都 要 在 这儿 陪

tā, hěn bù fāngbiàn, néng bu néng gěi wǒmen huàn gè dānjiān?
他，很 不 方便， 能 不 能 给 我们 换 个 单间？

张佳乐： Zhāng Jiālè: Dānjiān dōu zhùmǎn le, yǐhòu rúguǒ yǒu, wǒ gěi nǐmen huàn.
单间 都 住满 了，以后 如果 有，我 给 你们 换。

病人家属： bìngrén jiāshǔ: Xièxie nín. Bìngfáng li de bīngxiāng, wǒmen kěyǐ yòng ma?
谢谢 您。病房 里的 冰箱， 我们 可以 用 吗？

张佳乐： Zhāng Jiālè: Dāngrán kěyǐ, bīngxiāng, diànshì, kōngtiáo dōu kěyǐ shǐyòng.
当然 可以，冰箱、 电视、 空调 都 可以 使用。

病人家属： bìngrén jiāshǔ: Wǒ fùqin wǎnshang chángcháng tóuténg de lìhai, yīyuàn yǒu yèbān
我 父亲 晚上　 常常　 头疼 得厉害，医院 有 夜班

dàifu ma?
大夫吗？

张佳乐： Zhāng Jiālè: Yǒu, yīshēng bàngōngshì jiù zài zhè jiān bìngfáng de duìmiàn.
有，医生 办公室 就在 这 间 病房 的 对面。

病人家属： bìngrén jiāshǔ: Hǎo de, xièxie nín.
好 的，谢谢 您。

生词 New words

1. 间	jiān	*m.*	used for rooms
2. 却	què	*adv.*	but
3. 父亲	fùqin	*n.*	father
4. 母亲	mǔqin	*n.*	mother
5. 陪	péi	*v.*	to accompany sb.
6. 单间	dānjiān	*n.*	single room
7. 满	mǎn	*adj.*	full
8. 冰箱	bīngxiāng	*n.*	refrigerator
9. 空调	kōngtiáo	*n.*	air conditionor
10. 头疼	tóuténg	*adj.*	headache
11. 厉害	lìhai	*adj.*	severe
12. 对面	duìmiàn	*n.*	opposite

语言点 Language Points

一、疑问代词"怎么"（2）

疑问代词"怎么"可以用在否定词"不""没"之后，表示程度低。例如：

1. 这间病房不怎么大。

2. 我不怎么喜欢吃辣的。

3. 他没怎么学过汉语。

※ 练习：请用疑问代词"怎么"完成对话

1. A：你网球打得很好吧?

   B：_____。

2. A：你常常订外卖吗?

   B：_____。

3. A：李老师，您喜欢运动吗？

   B：＿＿＿＿＿＿＿＿＿＿＿＿＿＿＿＿＿。

4. A：你常常去那家 KTV 唱歌吗？

   B：＿＿＿＿＿＿＿＿＿＿＿＿＿＿＿＿＿。

二、副词"却"

副词"却"表示一种轻微的转折。例如：

1. 这间病房不怎么大，却住了三位病人。

2. 王东家不大，却收拾得干干净净。

3. 我们认识的时间不长，却是很好的朋友。

※ 练习：选出副词"却"在下列句子中的正确位置

1. 她 A 来中国留学 B 两年了，C 还不会 D 写汉字。

2. 很多人 A 不喜欢 B 冬天，C 我 D 很喜欢。

3. A 今年冬天 B 这么冷，C 一场雪 D 也没下过。

4. 哥哥 A 喜欢 B 吃肉，C 一点儿 D 都不胖。

综合练习 Comprehensive Exercises

一、根据拼音写汉字

1. mǔqin ＿＿＿＿＿＿   3. kōngtiáo ＿＿＿＿＿＿   5. lìhai ＿＿＿＿＿＿

2. fùqin ＿＿＿＿＿＿   4. duìmiàn ＿＿＿＿＿＿   6. dānjiān ＿＿＿＿＿＿

二、辨字组词

1. 亲＿＿＿＿＿＿   3. 厉＿＿＿＿＿＿

   新＿＿＿＿＿＿   力＿＿＿＿＿＿

2. 间_____

　　问_____

4. 满_____

　　两_____

三、选词填空

> 却　好　更　有时　只

1. 今天比昨天_____冷。

2. 这周我_____放了一天假。

3. 这条裙子_____漂亮啊!

4. 这家饭店很小，_____很有名。

5. 这里的冬天_____会下雪。

四、选出下列词语在句子中的位置

1. A 这间病房 B 已经 C 住 D 了。　　　　　　　　　　　（满）

2. 您好，A 我想订 B 一 C 房间 D。　　　　　　　　　　　（间）

3. 你明天 A 能 B 我去 C 口腔医院 D 吗?　　　　　　　　　（陪）

4. 今天 A 虽然 B 有太阳，C 但是不 D 热。　　　　　　　　（怎么）

5. 他 A 昨晚没有睡觉，一直在 B 看电影，今天早上 C 头疼得非常 D。

　　　　　　　　　　　　　　　　　　　　　　　　　　　（厉害）

五、根据课文内容填空

　　一位病人的儿子来找张护士，想给他生病的父亲换个_____。他觉得这间病房不_____大，_____住了三个人，父亲的病很严重，母亲和他都要在这儿陪父亲，很不方便。张护士告诉他单间都住_____了，以后如果有就给他们换。病房里的_____、电视和_____都可以使用。病人晚上经常头疼得_____，医院里有夜班大夫，而且医生办公室就在病房的_____，非常方便。

六、根据课文内容回答问题

1. 病人家属想做什么？

2. 病人家属为什么要换房间？ （怎么、却）

3. 病房里有什么电器（diànqì，electrical appliance）？

4. 病人晚上有什么症状（zhèngzhuàng，symptom）？ （得）

5. 医生办公室在哪儿？ （就在）

课文（二）
Text（Ⅱ）

Zhāng Jiālè zài Liú Yīmíng jiā zuòkè.
（张 佳乐在刘一鸣 家做客。）

刘一鸣：请 坐，你 想 喝 什么？ 冰箱 里有 很 多 饮料。
Liú Yīmíng: Qǐng zuò, nǐ xiǎng hē shénme? Bīngxiāng li yǒu hěn duō yǐnliào.

张佳乐：谢谢，我不渴。你 工作 那么 忙，没 想到 把家 收拾
Zhāng Jiālè: Xièxie, wǒ bù kě. Nǐ gōngzuò nàme máng, méi xiǎngdào bǎ jiā shōushi
得 这么 干净。
de zhème gānjìng.

刘一鸣：平时 真 没 时间，你 第一 次 来 我 家，我 得 把 家 收拾
Liú Yīmíng: Píngshí zhēn méi shíjiān, nǐ dì-yī cì lái wǒ jiā, wǒ děi bǎ jiā shōushi
得 干干净净 的，昨天 在家 打扫了 一 天。
de gāngānjìngjìng de, zuótiān zài jiā dǎsǎole yì tiān.

张佳乐：很 麻烦 吧？
Zhāng Jiālè: Hěn máfan ba?

刘一鸣：房子 不 怎么 大，不麻烦，就是 整理 书房 用 的 时间
Liú Yīmíng: Fángzi bù zěnme dà, bù máfan, jiùshì zhěnglǐ shūfáng yòng de shíjiān
有点儿 长。
yǒudiǎnr cháng.

张佳乐：我 觉得 厨房 用品 最 多，也 最 难 打扫。
Zhāng Jiālè: Wǒ juéde chúfáng yòngpǐn zuì duō, yě zuì nán dǎsǎo.

刘一鸣：我 和 你 相反，我 觉得 收拾 厨房 最 容易。
Liú Yīmíng: Wǒ hé nǐ xiāngfǎn, wǒ juéde shōushi chúfáng zuì róngyì.

张佳乐：为 什么？
Zhāng Jiālè: Wèi shénme?

刘一鸣：因为 我 从来 不 做饭。
Liú Yīmíng: Yīnwèi wǒ cónglái bú zuòfàn.

生词 New words

1. 做客	zuòkè	*v.*	to be a guest
2. 饮料	yǐnliào	*n.*	drinks
3. 渴	kě	*adj.*	thirsty
4. 那么	nàme	*pron.*	so
5. 平时	píngshí	*n.*	at ordinary times
6. 书房	shūfáng	*n.*	study room
7. 厨房	chúfáng	*n.*	kitchen
8. 用品	yòngpǐn	*n.*	articles for use
9. 相反	xiāngfǎn	*adj.*	on the contrary
10. 容易	róngyì	*adj.*	easy
11. 从来	cónglái	*adv.*	always, at all times

语言点 Language Points

一、固定结构"和……相反"

"和……相反"表示两个人或事物在某方面相互矛盾或排斥。例如：

1. 张佳乐觉得厨房最难打扫，刘一鸣和她相反，觉得厨房最容易打扫。

2. 姐姐最喜欢做饭，妹妹和姐姐相反，最不喜欢做饭。

3. 我最喜欢夏天，男朋友和我相反，他最喜欢冬天。

※ 练习：请用固定结构"和……相反"完成对话

1. A：我很喜欢运动，每天都跑步，你呢？

　　B：_____。

2. A：我每天都订外卖，从来不自己做饭，你呢？

　　B：_____。

3. A：你长得很像你妈妈，大眼睛，你哥哥呢？

　　B：_____。

4. A：我男朋友特别爱吃肉，你男朋友呢？

  B：_____。

二、副词"从来"

副词"从来"表示从过去到现在都是这样，多用于否定句中，后面常有"没"或
"不"。例如：

1. 我从来不做饭。

2. 来中国以后，我从来没去过医院。

3. 这里一年四季都很暖和，从来没下过雪。

※ 练习：组词成句

1. 做过 从来 手术 没 他

  _____

2. 我 心电图 从来 没 做过

  _____

3. 张护士 不 从来 订外卖

  _____

4. 去食堂 哥哥 不 从来 吃饭

  _____

综合练习 Comprehensive Exercises

一、根据拼音写汉字

1. róngyì _____   3. nàme _____   5. yòngpǐn _____

2. chúfáng _____   4. yǐnliào _____   6. cónglái _____

二、辨字组词

1. 渴_____ 3. 反_____

 喝_____   友_____

2. 厨_____ 4. 房_____

 厉_____   方_____

三、选词填空

容易　渴　相反　厉害　满

1. 教室里坐_____了人。

2. 我们国家的季节和中国_____。

3. 刚运动完，你一定_____了，快喝点儿水吧。

4. 冬天去哈尔滨看冰雪节你一定要多带点儿厚衣服，那儿冷得_____。

5. 想把汉语说得跟中国人一样标准，不是件_____的事儿。

四、选出下列词语在句子中的位置

1. A 听说新疆 B 很漂亮，但我 C 没 D 去过。　　　　　　（从来）

2. 你 A 有哪些 B 兴趣 C 爱好 D ？　　　　　　　　　　（平时）

3. A 你等我一下 B ，我去 C 买点儿厨房 D 。　　　　　　（用品）

4. 没想到 A 周一商场里 B 的人也 C 多 D 。　　　　　　　（那么）

5. 我把 A 新买的肉和水果 B 放到 C 里 D 了。　　　　　　（厨房）

五、根据课文内容填空

张佳乐在刘一鸣家_____。刘一鸣家的冰箱里有很多_____，可是张佳乐不想喝，她_____。刘一鸣工作_____，可是把家收拾得很干净。他

_____真没时间，但这是张佳乐第一次来他家，他得把家收拾得_____的，昨天在家_____了一天。他的房子不_____大，收拾起来不麻烦，就是整理书房用的时间有点儿长。张佳乐觉得厨房_____最多，也最难打扫。刘一鸣和张佳乐_____，他觉得收拾厨房最_____，因为他_____不做饭。

六、根据课文内容回答问题

1. 张佳乐想喝什么？

2. 刘一鸣的房间怎么样？　　　　　　　　　　　（把……）

3. 刘一鸣整理哪个房间用的时间最多？

4. 张佳乐为什么觉得厨房最难打扫？

5. 刘一鸣收拾哪个房间最容易？为什么？　　　　（从来）

课文（三）
Text（III）

Yuèliang jièshào Wáng Dōng de jiā.
（月亮 介绍 王 东 的 家。）

Zhōumò wǒmen qù Wáng Dōng jiā kàn xiǎo bǎobao le. Zhè shì wǒ dì-yī cì dào
周末 我们 去 王 东 家看 小 宝宝了。这 是 我 第一次 到

Zhōngguórén jiā li zuòkè, Wáng Dōng hé Yì Wén duì wǒmen fēicháng rèqíng, gěi
中国人 家里 做客，王 东 和艺文 对 我们 非常 热情，给

wǒmen zhǔnbèile hěn duō hǎochī de, hái qǐng wǒmen cānguānle tāmen de jiā. Tāmen
我们 准备了 很 多 好吃的，还 请 我们 参观了 他们 的 家。他们

de fángzi yǒu 100 duō píngfāngmǐ, yǒu liǎng gè wòshì, yí gè kètīng, yí gè cāntīng,
的 房子 有100 多 平方米，有 两 个卧室、一个客厅、一个 餐厅、

liǎng gè xǐshǒujiān, hái yǒu yí gè xiǎo shūfáng. Shūfáng li fàngzhe hěn duō huār,
两 个 洗手间，还 有 一个小 书房。书房 里 放着 很 多 花儿，

qiáng shàng guàzhe yìxiē zhàopiàn, hái guàzhe yì zhāng shìjiè dìtú. Wǒ hé Mǎ Dàwéi
墙 上 挂着 一些 照片，还 挂着 一 张 世界地图。我 和马大为

zài dìtú shàng zhǎodàole wǒmen de guójiā.
在地图 上 找到了 我们 的 国家。

生词 New words

1. 热情	rèqíng	*adj.*	enthusiastic
2. 参观	cānguān	*v.*	to visit
3. 平方米	píngfāngmǐ	*m.*	square metre
平方	píngfāng	*m.*	square metre
4. 卧室	wòshì	*n.*	bedroom
5. 客厅	kètīng	*n.*	living room
6. 餐厅	cāntīng	*n.*	dining room
7. 洗手间	xǐshǒujiān	*n.*	bathroom
8. 墙	qiáng	*n.*	wall
9. 挂	guà	*v.*	to hang
10. 一些	yìxiē	*num.-m.*	some, a number of
11. 张	zhāng	*m.*	used for papers, beds, desks, etc.
12. 地图	dìtú	*n.*	map

语言点 Language Points

存在句（2）/动态助词"着"（3）

存在句是汉语中一类特殊句式，表达"某地存在某事物或某人"。其结构通常为"处所词＋动词＋着（＋数词＋量词）＋名词"。主语是处所词语，宾语指不确定的事物或人。其中，"动词＋着"是谓语成分，动态助词"着"表示静态的一种持续。例如：

1. 书房的墙上挂着一张中国地图。

2. 桌子上放着一个手机。

3. 书上写着我的名字。

※ 练习：组词成句

1. 白大褂　放　一件　桌上　着

_____

2. 一条　床上　放　蓝裙子　着

　　_____

3. 世界地图　一张　着　墙上　挂

　　_____

4. 饮料　冰箱里　很多　放　着

　　_____

综合练习 Comprehensive Exercises

一、根据拼音写汉字

1. píngfāng _____　　3. guà _____　　5. rèqíng _____

2. cānguān _____　　4. kètīng _____　　6. qiáng _____

二、辨字组词

1. 厅_____　　　　3. 参_____

　　打_____　　　　　餐_____

2. 情_____　　　　4. 挂_____

　　请_____　　　　　佳_____

三、选词填空

　　　　地图　饮料　冰箱　卧室　空调

1. 这张世界_____是新买的。

2. 太热了，请把_____打开吧。

3. 你想喝什么_____? 咖啡还是茶?

4. 我的_____不怎么大，只有八个平方。

5. 天气有点儿热，你把水果和牛奶放到_____里吧。

四、选出下列词语在句子中的位置

1. 这家 A 餐厅 B 的服务员 C 非常 D。 （热情）

2. A 你的新 B 家一共有 C 多少 D？ （平方）

3. A 您好，B 请问 C 怎么走 D？ （洗手间）

4. 欢迎 A 你们 B 来 C 我的 D 新家。 （参观）

5. A 你别 B 把画儿 C 在窗户旁边 D。 （挂）

五、根据课文内容填空

周末我们去王东家看小宝宝了。这是我第一次到中国人家里_____，王东和艺文对我们非常_____，给我们准备了很多好吃的，还请我们_____了他们的家。他们的房子有100多_____，有两个_____、一个_____、一个餐厅、两个_____，还有一个小书房。书房的墙上_____一张世界地图，我和马大为在地图上找到了我们的国家。

六、根据课文内容回答问题

1. 月亮以前去过王东家吗？

2. 王东的家有多大？ （平方米）

3. 王东的家里有几个卧室？

4. 王东的家里有几个洗手间？

5. 书房的墙上挂着什么？ （着、张）

一、阅读理解

　　英国专家提出，在医院病房举行消除无聊、提振精神的活动可以让住院病人的生活更有意思，帮助他们尽早恢复健康。英国之前的一份调查报告称，大部分医院的病房"无聊而且让人觉得压抑"。住院期间，病人往往被禁止使用手机和其他电子产品，病房提供的娱乐活动非常少，电视常常看不了。"病人们说，他们感觉无聊、孤独，几乎没有机会与人说话。"参与调查的研究人员说。

来源：科普中国《消除无聊压抑　手工折纸或成英国病房标配》

补充词汇

1. 专家	zhuānjiā	*n.*	expert
2. 提出	tíchū	*VP*	to put forward
3. 消除	xiāochú	*v.*	to eliminate
4. 提振	tízhèn	*v.*	to invigorate
5. 精神	jīngshén	*n.*	spirit
6. 活动	huódòng	*n.*	activity
7. 尽早	jǐnzǎo	*adv.*	as early as possible
8. 压抑	yāyì	*v.*	to depress
9. 禁止	jìnzhǐ	*v.*	to prohibit
10. 娱乐	yúlè	*n.*	entertainment
11. 孤独	gūdú	*adj.*	lonely
12. 几乎	jīhū	*adv.*	almost
13. 机会	jīhuì	*n.*	chance, opportunity

回答问题

1. 英国专家提出在医院病房发起什么活动？

2. 住院期间病人往往被禁止使用什么？

3. 调查显示大部分病人感觉医院的病房怎么样？

二、口头表达

任务名称：哪种病房更合适？

任务背景：医院有单间病房（每天 350 元，有卫生间、冰箱和空调）、双人间病房（每天 80 元，有卫生间）和三人间病房（每天 50 元，没有卫生间）。有位同学因为外伤要住院，同学们正在讨论他住哪种病房更合适。

任务要求：1. 三个学生一组，每组分别讨论每种病房的优点和缺点，并确定住哪种病房更合适。（3 分钟）

2. 每组选一名代表向全班同学介绍自己小组的讨论结果并说明原因。（3—5 分钟）

参考语言：严重　方便　舒服　适应　厉害　使用　心情　根据　却　怎么

A 没有 B（这么 / 那么）+ 形容词

三、书面表达

任务名称：我的家。

任务要求：请介绍一下自己的家并写下来，要求 150 字以上。

参考语言：房子　平方米　卧室　客厅　餐厅　卫生间　书房　厨房　放着

挂着　摆（bǎi, put）着　怎么　却

第六课
Lesson 6　　**周三或者周五来复查吧**

学习目标 Learning Objectives

1. 语言功能：能介绍假期安排。

2. 语言点：固定结构"少 + V / VP"、连词"或者"、量词
   "趟"、量词"倍"、指示代词"各"。

3. 医学知识：了解心脏支架手术后的注意事项。

4. 社会文化：了解中国的部分旅游胜地。

热身活动 Warming-up

1. 你认为什么是健康的生活习惯？

2. 你喜欢自由行还是跟团游？为什么？

课文（一）
Text（Ⅰ）

Yīshēng zài cháfáng.
（医生 在 查房。）

yīshēng: Bìngrén huīfù de búcuò, jīntiān kěyǐ chūyuàn le.
医生： 病人 恢复得不错，今天可以 出院 了。

bìngrén jiāshǔ: Chūyuàn hòu, xūyào zhùyì shénme?
病人家属： 出院 后，需要 注意 什么？

yīshēng: Yào ànshí chī yào, bù néng chōuyān, hē jiǔ, duō chī xīnxiān shūcài,
医生： 要 按时吃药，不 能 抽烟、喝酒，多吃 新鲜 蔬菜，

shǎo chī xián de.
少 吃 咸 的。

bìngrén jiāshǔ: Kànlái yào gǎibiàn yíxià shēnghuó xíguàn le. Yīshēng, tā chūyuàn yǐhòu
病人家属： 看来 要 改变一下 生活 习惯了。医生，他 出院 以后

néng yùndòng ma?
能 运动 吗？

yīshēng: Kěyǐ sànsan bù. Gāng fàngle xīnzàng zhījià, bù néng jùliè yùndòng.
医生： 可以散散 步。刚 放了 心脏 支架，不能 剧烈 运动。

Zhùyì xiūxi, bù néng tí zhòng de dōngxi. Rúguǒ gǎnjué tèbié bù
注意休息，不能 提重 的东西。如果 感觉特别不

shūfu, yào mǎshàng lái yīyuàn.
舒服，要 马上 来医院。

bìngrén jiāshǔ: Shénme shíhou lái fùchá?
病人家属： 什么 时候 来复查？

yīshēng: Yí gè yuè yǐhòu lái ménzhěn fùchá.
医生： 一个月以后来 门诊 复查。

bìngrén jiāshǔ: Nín yìbān zhōu jǐ zài ménzhěn?
病人家属： 您 一般 周 几 在 门诊？

yīshēng: Nǐmen zhōusān huòzhě zhōuwǔ lái dōu xíng, zhè liǎng tiān wǒ dōu zài.
医生： 你们 周三 或者 周五来都行，这 两 天我都在。

bìngrén jiāshǔ: Hǎo de, xièxie yīshēng.
病人家属： 好 的，谢谢 医生。

生词 New words

1. 酒	jiǔ	*n.*	alcohol
2. 新鲜	xīnxiān	*adj.*	fresh
3. 蔬菜	shūcài	*n.*	vegetable
4. 咸	xián	*adj.*	salty
5. 看来	kànlái	*v.*	it seems
6. 改变	gǎibiàn	*v./n.*	to change; change
7. 习惯	xíguàn	*n./v.*	habit; to be used to
8. 散步	sànbù	*v.*	to take a walk
9. 支架	zhījià	*n.*	stand, holder
10. 提	tí	*v.*	to lift
11. 或者	huòzhě	*conj.*	or

语言点 Language Points

一、固定结构"少＋V/VP"

"少"用在动词性成分之前，构成"少＋V/VP"结构，表示建议或劝阻某人减少做某事的量或频率，与"多＋V/VP"相对。例如：

1. 你要多吃新鲜蔬菜，少吃咸的。

2. 你要少喝酒。

3. 我最近在减肥，得少吃肉，多运动。

※ 练习：回答问题

爷爷很喜欢抽烟、喝酒，不爱运动，还比较胖。作为医学院的学生，你会建议爷爷做什么？请用上"少"和"多"。

_____

_____

二、连词"或者"

连词"或者"表示选择关系，前后连接两个或两个以上选项。例如：

1. 你们周三或者周五来都行，这两天我都在。

2. 我平时早上喝茶或者咖啡。

3. 去食堂或者去饭店都可以。

或者 VS 还是

连词"或者"和"还是"都表示选择关系，但"还是"一般用在疑问句中，"或者"一般用在陈述句中。

※ 练习：请选择"还是"或"或者"填空

1. A：我们寒假去哪儿玩儿？三亚_____哈尔滨？

　B：三亚吧。

2. A：这条裙子你喜欢白的_____红的？

　B：我喜欢红的。

3. A：你平时怎么来学校？

　B：骑自行车_____坐公共汽车。

4. 周末我们一起打乒乓球_____踢足球吧。

综合练习 Comprehensive Exercises

一、根据拼音写汉字

1. gǎibiàn _____　　3. kànlái _____　　5. xíguàn _____

2. xīnxiān _____　　4. sànbù _____　　6. shūcài _____

二、辨字组词

1. 咸_____   3. 提_____

   成_____   挂_____

2. 菜_____   4. 鲜_____

   苹_____   样_____

三、选词填空

> 改变　提　看来　散步　习惯

1. 王大夫手里_____着一个很重的包。

2. 我今天又吃多了，想出去_____，你要和我一起去吗？

3. 想要改变一个人的生活_____不是一件容易的事儿。

4. 我_____主意了，我想和你们一起去三亚。

5. _____你们俩早就认识。

四、选出下列词语在句子中的位置

1. 冰箱里的菜 A 已经 B 放了三天了，C 不 D 了。　　　　　（新鲜）

2. A 喝 B 后不能 C 开车 D。　　　　　　　　　　　　　　（酒）

3. A 冰箱里 B 有我 C 新买的水果和 D。　　　　　　　　　（蔬菜）

4. A 今天中午的 B 菜 C 有点儿 D 了。　　　　　　　　　（咸）

5. A 咖啡 B 茶，C 孩子 D 都不能喝。　　　　　　　　　（或者）

五、根据课文内容填空

有个病人今天就要出院了，他问大夫出院后需要注意什么。大夫告诉他要_____吃药，不能抽烟、喝酒，多吃_____，少吃_____的；可以

_____，但不能剧烈运动；要注意休息，不能_____重的东西。一个月后的周三_____周五来门诊复查。

六、根据课文内容回答问题

    1. 病人什么时候能出院？

    2. 病人出院后要注意什么？　　　　　　（多＋V/VP、少＋V/VP）

    3. 出院以后可以运动吗？　　　　　　　　（剧烈）

    4. 病人什么时候来医院复查？

    5. 医生什么时候在门诊？　　　　　　　　（或者）

课文（二）
Text（Ⅱ）

Měilì zài lǚxíngshè zīxún.
（美丽在 旅行社 咨询。）

gōngzuò rényuán: Xiǎojiě, nín xiǎng qù nǎlǐ lǚxíng?
工作人员：小姐，您 想 去哪里旅行？

Měilì: Wǒ xiǎng qù yí tàng Yúnnán, bù zhīdào yǒu méiyǒu héshì de
美丽：我 想 去一趟 云南，不知道 有 没有 合适 的

lǚxíngtuán.
旅行团。

gōngzuò rényuán: Nín dǎsuàn qù jǐ tiān?
工作人员：您 打算 去几天？

Měilì: Yì zhōu zuǒyòu ba.
美丽：一 周 左右 吧。

gōngzuò rényuán: Nín kěyǐ bào zhōuwǔ de zhè gè tuán, yígòng 6 tiān. Nín juéde
工作人员：您可以报 周五 的 这个团，一共 6 天。您 觉得

héshì ma?
合适吗？

Měilì: Shíjiān héshì, duōshao qián?
美丽：时间 合适，多少 钱？

gōngzuò rényuán: 4600.
工作人员：4600。

Měilì: Zhème guì! Wǒ péngyou shì jīnnián shǔjià qù de, cái huāle
美丽：这么 贵！我 朋友 是今年 暑假去的，才 花了

3000 duō.
3000 多。

gōngzuò rényuán: Chūn Jié qiánhòu qù Yúnnán lǚyóu de rén tèbié duō, fēijīpiào
工作人员：春 节 前后 去 云南 旅游的人特别 多，飞机票

jiàgé bǐ píngshí guì yí bèi.
价格 比 平时 贵一倍。

Měilì: Shì ma? Nà wǒ jiù bào zhōuwǔ de zhè gè tuán ba.
美丽：是吗？那我 就 报 周五 的 这 个 团 吧。

生词 New words

1. 旅行社	lǚxíngshè	*n.*	tourist agency
2. 咨询	zīxún	*v.*	to consult, to seek advice from
3. 小姐	xiǎojiě	*n.*	Miss
4. 哪里	nǎlǐ	*pron.*	where
5. 旅行	lǚxíng	*v.*	to travel
6. 趟	tàng	*m.*	one round trip
7. 旅行团	lǚxíngtuán	*n.*	tourist group
团	tuán	*n.*	group
8. 报	bào	*v.*	to enroll
9. 花	huā	*v.*	to spend
10. 前后	qiánhòu	*n.*	around, about
11. 旅游	lǚyóu	*v.*	to travel
12. 飞机票	fēijīpiào	*n.*	plane ticket
机票	jīpiào	*n.*	air ticket
票	piào	*n.*	ticket
13. 价格	jiàgé	*n.*	price
14. 倍	bèi	*m.*	times

专名 Proper nouns

1. 云南	Yúnnán	Yunnan
2. 春节	Chūn Jié	the Spring Festival

语言点 Language Points

一、量词"趟"

量词"趟"用于计量往返、来去的次数，强调一去一回的完整动作。例如：

1. 我想去一趟云南。

2. 寒假马大为去了一趟三亚。

3. 月亮回了一趟国。

※ 练习：请用量词"趟"和所给词语完成对话

1. A：暑假你去哪儿了？

   B：_____。（新疆）

2. A：昨天小李怎么没来上班？

   B：_____。（医院）

3. A：月亮，你要去哪儿？

   B：_____。美丽，你呢？（教学楼）

   A：_____。（图书馆）

4. A：大为，寒假你有什么打算？

   B：_____。月亮，你呢？（三亚）

   A：_____。（回国）

二、量词"倍"

量词"倍"表示倍数。跟其他量词不同，"倍"后面一般不跟名词。例如：

1. 春节前后去云南的机票价格比平时贵一倍。

2. 我们学院的学生是他们学院的三倍。

2. 今年葡萄的价格是去年的两倍。

※ 练习：请用量词"倍"造句

1. 爸爸妈妈的房子 240 ㎡，哥哥的房子 80 ㎡。

   _____

2. 一杯咖啡 20 块，一杯红茶 10 块。

   _____

3. 医学院有 300 个学生，口腔医学院有 150 个学生。

   _____

4. 美丽学了半年汉语，金龙学了一年。

_____

综合练习 Comprehensive Exercises

一、根据拼音写汉字

1. lǚxíng _____   3. lǚyóu _____   5. piào _____

2. jiàgé _____   4. tàng _____   6. bèi _____

二、辨字组词

1. 趟_____   3. 团_____

   起_____   国_____

2. 倍_____   4. 价_____

   剖_____   休_____

三、选词填空

价格　花　票　团　小姐

1. 你买了几张飞机_____?

2. 今年房子的_____是五年前的两倍。

3. 我们_____里不仅有老师，还有医生和律师。

4. _____，请问您订了几个房间？

5. 他的病挺严重的，得_____不少钱。

四、选出下列词语在句子中的位置

1. 你找我了 A？我 B 刚才 C 去了一 D 卫生间。　　　　　　（趟）

2. A 暑假 B 我想 C 一个旅行团 D 去云南旅游。　　　　　　（报）

3. A 我 B 了两天时间 C 就把 D 这本书看完了。　　　　　　（花）

4. A 今年春节 B 我打算 C 带家人去泰国 D。　　　　　　　（旅行）

5. A 你知道 B 可以 C 修手机 D 吗？　　　　　　　　　　　（哪里）

五、根据课文内容填空

美丽想去_____，她不知道有没有合适的_____。旅行社的工作人员问美丽打算去几天，美丽说想去_____左右。工作人员觉得美丽可以报这个周五的团，一共 6 天。美丽觉得时间合适，不知道_____。工作人员说 4600，美丽觉得太贵了。她的朋友是今年暑假去的，_____3000多。工作人员解释（jiěshì, explain）说_____前后去云南旅游的人特别多，飞机票价格_____。美丽最后还是想报这个周五的团。

六、根据课文内容回答问题

1. 美丽打算做什么？　　　　　　　　　　　　　　　　　　（趟）

2. 美丽打算自己去还是参加旅行团？

3. 美丽打算去多长时间？　　　　　　　　　　　　　　　　（左右）

4. 美丽觉得旅行团的价格怎么样？　　　　　　　　　　　　（这么）

5. 最后美丽决定（juédìng, decide）报这个旅行团了吗？

课文（三）
Text（Ⅲ）

Měilì jièshào tā hé tóngwū de hánjià ānpái.
（美丽 介绍 她 和 同屋 的 寒假 安排。）

Wǒ lái Zhōngguó yǐjīng liǎng nián le,　 zhǐ qùguo Hā'ěrbīn. Jīnnián hánjià wǒ
我来 中国 已经 两 年了，只 去过 哈尔滨。今年 寒假 我

jìhuà qù Yúnnán lǚxíng.　Yúnnán shì Zhōngguó mínzú zuì duō de shěng, yǒu èrshí duō
计划 去 云南 旅行。云南 是 中国 民族最多的 省，有二十 多

gè shǎoshù mínzú.　Yīnwèi wǒ duì Zhōngguó wénhuà bǐjiào gǎn xìngqù, suǒyǐ xiǎng
个 少数 民族。因为 我 对 中国 文化 比较 感 兴趣，所以 想

qù liǎojiě gè gè mínzú de wénhuà.
去了解各个民族的 文化。

Wǒ de tóngwū Yuèliang dǎsuàn qù yí tàng Sānyà, yīnwèi tā tīng Mǎ Dàwéi shuō
我 的 同屋 月亮 打算去一趟 三亚，因为 她听 马 大为 说

nàlǐ　 de hǎi yòu gānjìng yòu piàoliang, tèbié shìhé yóuyǒng. Yóuyǒng shì tā zuì dà
那里 的 海 又 干净 又 漂亮，特别 适合 游泳。 游泳 是她 最大

de àihào.
的 爱好。

生词 New words

1. 同屋	tóngwū	*n.*	roommate
2. 安排	ānpái	*v./n.*	to arrange, to plan; arrangement
3. 计划	jìhuà	*v./n.*	to plan to; plan
4. 民族	mínzú	*n.*	nation
5. 省	shěng	*n.*	province
6. 少数民族	shǎoshù mínzú		ethnic minority
少数	shǎoshù	*n.*	minority
7. 文化	wénhuà	*n.*	culture
8. 了解	liǎojiě	*v.*	to understand
9. 各	gè	*pron.*	each
10. 海	hǎi	*n.*	sea
11. 适合	shìhé	*v.*	to suit

语言点 Language Points

指示代词"各"

指示代词"各"表示某一范围内的所有个体,后面接名词或者量词。例如:

各人　　　各家　　　各国

各个学校　各位医生　各个民族

每 VS 各

1. 都可以指所有个体。"每"侧重以某一个或一组为例,"各"侧重遍指。例如:"每个同学都要好好儿准备""每两天复查一次"中的"每"不能换成"各"。

2. 除了"人、家、户、年、月、日、周、星期"等少数名词以外,"每"后面一般要接量词或数量短语,如"每个学校""每家公司"。"各"后面可以直接跟名词,如"各学校""各公司";不能带数量短语,如不能说"各三个学校""各两位医生"。

※ 练习：请选择"每"或"各"填空

1. 请_____位病人家属去一趟医生办公室。

2. 美丽_____年暑假都要回国。

3. _____学院都要参加比赛。

4. 马大为_____天都会运动。

综合练习 Comprehensive Exercises

一、根据拼音写汉字

1. wénhuà _____ 3. hǎi _____ 5. jìhuà _____

2. mínzú _____ 4. liǎojiě _____ 6. gè _____

二、辨字组词

1. 海_____ 3. 适_____

　每_____ 　话_____

2. 计_____ 4. 省_____

　让_____ 　少_____

三、选词填空

适合　文化　计划　了解　提

1. 这个寒假我_____去哈尔滨旅行。

2. 我妈妈特别_____穿黑色的衣服。

3. 我们刚认识不久，我还不太_____他。

4. 我对中国_____很感兴趣。

5. 这瓶水太重了，你_____不起来。

四、选出下列词语在句子中的位置

1. A 中国 B 有 56 C 个 D。 （民族）
2. A 我觉得 B 你非常 C 做 D 医生。 （适合）
3. A 我们 B 学校有从 C 个国家来的 D 留学生。 （各）
4. A 听说 B 三亚的 C 又干净又漂亮 D。 （海）
5. A 除了对 B 医学有兴趣，我 C 还对中国 D 很感兴趣。 （文化）

五、根据课文内容填空

　　我来中国已经两年了，只去过哈尔滨。今年寒假我_____去云南_____。云南是中国民族最多的省，有二十多个_____，我很想去_____的文化。

　　我的同屋月亮打算去一_____三亚，因为她听马大为说那儿的海又干净又漂亮，特别_____游泳。游泳可是她最大的爱好。

六、根据课文内容回答问题

1. 美丽来中国多长时间了？
2. 美丽今年寒假有什么计划？ （趟）
3. 中国民族最多的省是哪个？
4. 美丽为什么想去云南旅游？ （文化、对……感兴趣）
5. 月亮的寒假计划是什么？ （趟）

一、阅读理解

心脏支架出现在 20 世纪 80 年代，到现在救了很多心脏病患者的生命。做了支架手术后，患者如果没有戒烟戒酒，没有适量运动，没有定期服用药物，没有养成好的饮食习惯，那么很可能在短时间内发生二次狭窄，需要继续进行支架手术。

来源：有来医生《支架患者越来越多，那么支架后在血管里能用多久？》

补充词汇

1. 出现	chūxiàn	*v.*	to appear
2. 世纪	shìjì	*n.*	century
3. 救	jiù	*v.*	to save
4. 患者	huànzhě	*n.*	patient
5. 生命	shēngmìng	*n.*	life
6. 戒	jiè	*v.*	to give up, to stop
7. 适量	shìliàng	*adj.*	moderate
8. 定期	dìngqī	*adj.*	regular
9. 服用	fúyòng	*v.*	to take medicine
10. 饮食	yǐnshí	*n.*	diet
11. 狭窄	xiázhǎi	*adj.*	narrow
12. 继续	jìxù	*v.*	to continue, to maintain

回答问题

1. 心脏支架出现多久了？

2. 哪些情况下患者很可能需要再次进行支架手术？

3. 对做了支架手术的患者，你有哪些好的建议？

二、口头表达

任务名称：暑假去哪儿旅行？

任务要求：1. 三个学生一组，分组讨论暑假去哪儿旅行，并且说明原因。（3分钟）

2. 每组选一名代表向全班同学介绍本组的讨论结果，并且说明原因。

（3—5分钟）

参考语言：气候　景色　文化　旅行团　花　适合　计划　了解　趟　或者

对……感兴趣

三、书面表达

任务名称：我的旅行计划。

任务要求：请介绍一下自己的暑假旅行计划并写下来，要求150字以上。

参考语言：打算　城市　气候　旅行团　适合　兴趣　听说　了解　趟

对……感兴趣　因为……所以……

第七课 Lesson 7 化验结果出来了

学习目标 Learning Objectives

1. 语言功能：能描述某次考试的结果并分析原因。

2. 语言点：介词"随着"、连词"否则"、程度补语"死了"、固定结构"不是……而是……"、固定结构"连……都/也……"。

3. 医学知识：了解贫血的原因、症状及注意事项。

4. 社会文化：了解汉语水平考试（HSK）。

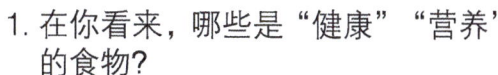

热身活动 Warming-up

1. 在你看来，哪些是"健康""营养"的食物？

2. 对于汉语考试，你有哪些值得分享的方法？

课文（一）
Text（I）

Yīshēng zài ménzhěn kànbìng.
（医生 在 门诊 看病。）

病人： Dàifu, zhè shì wǒ de huàyàn jiéguǒ, nín kànkan.
病人： 大夫，这 是 我 的 化验 结果，您 看看。

医生： Yǒudiǎnr pínxuè.
医生： 有点儿 贫血。

病人： Wǒ zuìjìn zǒngshì tóuyūn, shì bu shì yīnwèi pínxuè?
病人： 我 最近 总是 头晕，是 不 是 因为 贫血？

医生： Yīnggāi shì zhǔyào yuányīn. Suízhe niánlíng de zēngzhǎng, hěn duō nǚxìng
医生： 应该 是 主要 原因。随着 年龄 的 增长，很 多 女性

huì pínxuè. Yíngyǎng bùliáng, jiǎnféi yě huì yǐnqǐ pínxuè.
会 贫血。营养 不良、减肥 也 会 引起 贫血。

病人： Yánzhòng ma?
病人： 严重 吗？

医生： Xiànzài wèntí bú dà, dànshì nǐ děi zhòngshì, fǒuzé huì yǐngxiǎng nǐ de
医生： 现在 问题不大，但是 你 得 重视，否则 会 影响 你 的

jiànkāng, yě huì yǐngxiǎng nǐ de zhèngcháng shēnghuó.
健康，也 会 影响 你 的 正常 生活。

病人： Wǒ yīnggāi zěnme zuò?
病人： 我 应该 怎么 做？

医生： Wǒ kāi de yào ànshí chī, píngshí duō chī xiē yǒu yíngyǎng de dōngxi, zhùyì
医生： 我 开 的 药 按时 吃，平时 多 吃 些 有 营养 的 东西，注意

duō xiūxi.
多 休息。

生词 New words

1. 化验	huàyàn	*v.*	to do laboratory test
2. 贫血	pínxuè	*v.*	to have an anemia
3. 总是	zǒngshì	*adv.*	always
4. 主要	zhǔyào	*adj.*	main
5. 原因	yuányīn	*n.*	reason
6. 随着	suízhe	*prep.*	along with
7. 年龄	niánlíng	*n.*	age
8. 增长	zēngzhǎng	*v.*	to increase
9. 女性	nǚxìng	*n.*	female
10. 不良	bùliáng	*adj.*	unhealthy, harmful, poor
11. 引起	yǐnqǐ	*v.*	to cause
12. 重视	zhòngshì	*v.*	to attach importance to
13. 否则	fǒuzé	*conj.*	otherwise
14. 影响	yǐngxiǎng	*v./n.*	to affect; influence
15. 正常	zhèngcháng	*adj.*	normal

语言点 Language Points

一、介词"随着"

介词"随着"一般用在句首，后面的宾语经常以"名词＋的＋动词（双音节）"结构出现，表示动作、行为、事件等发生的条件或影响因素。例如：

1. 随着年龄的增长，很多女性会贫血。

2. 随着夏天的到来，天气越来越热了。

3. 随着学习时间的增加（zēngjiā，increase），马大为的汉语说得越来越好。

※ 练习：请用介词"随着"和所给词语完成句子

1. ＿＿＿＿＿＿＿＿＿＿＿＿＿，他的身体越来越差。（年龄）

2. ＿＿＿＿＿＿＿＿＿＿＿＿＿，白天的时间越来越短了。（冬天）

3. ＿＿＿＿＿＿＿＿＿＿＿＿＿，他的身体越来越健康了。（运动）

4. ＿＿＿＿＿＿＿＿＿＿＿＿＿，我的听力越来越好了。（中国朋友）

二、连词"否则"

连词"否则"表示"如果不这样"，常用来连接小句，出现在后面小句的开头。例如：

1. 现在问题不大，但是你得重视，否则会影响你的健康。

2. 太晚了，你快回家吧，否则没有公共汽车了。

3. 昨天的比赛我没有参加，否则我们一定会赢。

※ 练习：请用连词"否则"完成句子

1. 快七点了，我们打车去吧，＿＿＿＿＿＿＿＿＿＿＿＿＿。

2. 她的手机可能坏了，＿＿＿＿＿＿＿＿＿＿＿＿＿。

3. 你别忘了女朋友的生日，＿＿＿＿＿＿＿＿＿＿＿＿＿。

4. 我今天得写完作业，＿＿＿＿＿＿＿＿＿＿＿＿＿。

综合练习 Comprehensive Exercises

一、根据拼音写汉字

1. pínxuè ＿＿＿＿＿＿＿　　3. zhòngshì ＿＿＿＿＿＿＿　　5. zēngzhǎng ＿＿＿＿＿＿＿

2. nǔxìng ＿＿＿＿＿＿＿　　4. suízhe ＿＿＿＿＿＿＿　　6. yǐnqǐ ＿＿＿＿＿＿＿

二、辨字组词

1. 否_____
   不_____

2. 影_____
   景_____

3. 血_____
   雨_____

4. 增_____
   骨_____

三、选词填空

> 重视　增长　引起　影响　随着

1. 长时间营养不良会_____身体健康。

2. _____年龄的增长，我们对很多事的认识都改变了。

3. _____高血压的原因有哪些?

4. 小宝宝的体重（tǐzhòng，weight）一直在_____。

5. 我们要_____自己的身体健康，少抽烟，少喝酒。

四、选出下列词语在句子中的位置

1. A 好好儿 B 复习，C 很难考好 D。 　　　　　（否则）

2. A 他上课 B 说话，C 每天都 D 这样。 　　　　（总是）

3. A 我这几天 B 有点儿 C 消化 D。 　　　　　（不良）

4. A 我来云南旅游 B 是为了 C 了解少数民族 D 的文化。 （主要）

5. A 病好了 B 以后 C，我又可以 D 工作了。 　　　（正常）

五、根据课文内容填空

病人：大夫，这是我的化验结果，您看看。

医生：有点儿_____。

病人：我最近_____头晕，是不是因为贫血？

医生：应该是_____原因。_____年龄的_____，很多女性

　　　会贫血。营养不良、减肥也会_____贫血。

病人：严重吗？

医生：现在问题不大，但是你得_____，_____会_____你

　　　的健康，也会影响你的_____生活。

病人：我应该怎么做？

医生：我开的药按时吃，平时多吃些_____的东西，注意多休息。

六、根据课文内容回答问题

1. 病人为什么来看医生？　　　　　　　　　（总是）

2. 医生说病人怎么了？　　　　　　　　　　（有点儿）

3. 引起贫血的原因有哪些？　　　　　　　　（随着）

4. 如果不重视贫血，会怎么样？　　　　　　（否则）

5. 医生建议病人怎么做？　　　　　　　　　（多＋V/VP）

课文（二）
Text（Ⅱ）

Jīn Lóng hé Mǎ Dàwéi zài liáotiānr.
（金龙 和马 大为 在 聊天儿。）

Mǎ Dàwéi: Jīn Lóng, HSK sì jí chéngjì chūlai le, nǐ chá le ma?
马大为： 金龙， HSK 四级 成绩 出来了， 你查了吗？

Jīn Lóng: Chá le, 262 fēn.
金龙： 查了，262 分。

Mǎ Dàwéi: Nǐ tài lìhai le!
马大为： 你太厉害了！

Jīn Lóng: Nǐ kǎo de zěnmeyàng?
金龙： 你考得怎么样？

Mǎ Dàwéi: Wǒ zhǐ kǎole 158 fēn, méi tōngguò. Wǒ méi hǎohāor fùxí, kǎo de
马大为： 我只考了158分，没 通过。我没 好好儿复习，考得

zhème chà, nánguò sǐ le!
这么 差，难过 死了！

Jīn Lóng: Méishìr, nǐ de Hànyǔ jīchǔ hěn hǎo, xià cì kǎoshì hǎohāor zhǔnbèi,
金龙： 没事儿，你的汉语基础很好，下次考试 好好儿 准备，

yídìng méi wèntí!
一定没 问题！

Mǎ Dàwéi: Xièxie nǐ de gǔlì, wǒ yídìng huì nǔlì de!
马大为： 谢谢你的鼓励，我 一定会 努力的！

生词 New words

1. 级	jí	*n.*	level, rank
2. 成绩	chéngjì	*n.*	achievement
3. 查	chá	*v.*	to check
4. 分	fēn	*m.*	mark, point
5. 通过	tōngguò	*v.*	to pass
6. 难过	nánguò	*adj.*	sad
7. 死	sǐ	*adj.*	extreme, to the death
8. 基础	jīchǔ	*n.*	basis
9. 鼓励	gǔlì	*v./n.*	to encourage; encouragement
10. 努力	nǔlì	*adj.*	hard

专名 Proper nouns

HSK	HSK	Chinese level test

语言点 Language Points

程度补语"死了"

"死了"用在形容词和心理动词后面，构成"形容词／动词＋死了"结构，表示程度极高。例如：

1. 篮球比赛我们学院输了，我难过死了！

2. 今天 39℃，热死了！

3. 去云南的机票 3000 多，贵死了！

※ 练习：请用程度补语"死了"完成句子

1. 今天零下 10 度，＿＿＿＿＿＿＿＿＿＿！

2. 这次考试＿＿＿＿＿＿＿＿＿＿！

3. 打了两小时篮球，＿＿＿＿＿＿＿＿＿＿！

4. 这里卖的东西_____!

综合练习 Comprehensive Exercises

一、根据拼音写汉字

1. chéngjì _____   3. jí _____   5. jīchǔ _____

2. tōngguò _____   4. nǔlì _____   6. chá _____

二、辨字组词

1. 级_____   3. 励_____

   极_____   厉_____

2. 础_____   4. 努_____

   出_____   男_____

三、选词填空

难过　努力　差　通过　成绩

1. 这次的生理学考试特别难，你觉得你能_____吗？

2. 你别_____了，好好儿准备参加下一次考试吧。

3. 这次考试没想到他考得这么_____。

4. 她学习非常_____，我们应该向（xiàng，towards）她学习。

5. 你查_____了没？HSK 四级过没过？

四、选出下列词语在句子中的位置

1. A 没有你们的 B，我 C 是不可能有今天的 D 好成绩的。　　　（鼓励）

2. A 拼音（pīnyīn，Pinyin）B 是 C 汉语学习的 D。　　　　　（基础）

3. A 最近 B 搬家，我 C 快忙 D 了！　　　　　　　　　　　　（死）

4. A 他的病 B 不严重 C，你别 D 了。　　　　　　　　　　　　（难过）

5. A 你可以用 B 手机 C 一下飞机 D 时间表。　　　　　　　　　（查）

五、根据课文内容填空

马大为：金龙，_____成绩出来了，你_____了吗？

金　龙：查了，262 分。

马大为：你太_____了！

金　龙：你考得怎么样？

马大为：我_____158 分，没_____。我没_____，

　　　　考得这么_____，_____！

金　龙：没事儿，你的_____很好，下次考试好好儿准备，一定没问题！

马大为：谢谢_____，我一定会_____的！

六、根据课文内容回答问题

1. 他们知道了什么消息？　　　　　　　　　　　　　　　　　（出来）

2. 他们查成绩了吗？

3. 金龙考得怎么样？

4. 马大为考得怎么样？　　　　　　　　　　　　　　　　　　（只）

5. 金龙觉得马大为的汉语怎么样？　　　　　　　　　　　　　（基础）

课文（三）
Text（III）

Mǎ Dàwéi jièshào zìjǐ HSK kǎoshì de qíngkuàng.
（马大为 介绍 自己 HSK 考试 的 情况。）

HSK chéngjì chūlai le, wǒ zhǐ kǎole 158 fēn. Wǒ hěn nánguò, yě hěn hòuhuǐ.
HSK 成绩 出来了，我 只 考了 158 分。我 很 难过，也 很 后悔。

Kǎo de zhème chà, bú shì yīnwèi Hànyǔ jīchǔ bù hǎo, ér shì yīnwèi búgòu zhòngshì.
考 得 这么 差，不 是 因为 汉语基础 不 好，而 是 因为 不够 重视。

Wǒ yìzhí juéde zìjǐ yǒu hěn duō Zhōngguó péngyou, pǔtōnghuà shuō de yě hěn liúlì,
我 一直 觉得 自己 有 很 多 中国 朋友，普通话 说 得也 很 流利，

méi zuò shénme zhǔnbèi, lián qiānbǐ, xiàngpí dōu méi dài, jiù qù kǎoshì le. Tīnglì
没 做 什么 准备，连 铅笔、橡皮 都 没 带，就 去 考试了。听力

kǎo de hái kěyǐ, yuèdú tí què cuòle hěn duō. Xià cì kǎoshì, wǒ bìxū tōngguò, fǒuzé
考 得 还可以，阅读题 却 错了 很 多。下次考试，我 必须 通过，否则

bì bu liǎo yè, jiù máfan le.
毕不了业，就 麻烦了。

生词 New words

1. 后悔	hòuhuǐ	*v.*	to regret
2. 不是……而是……	bú shì…ér shì…		not…but…
3. 不够	búgòu	*adv./v.*	not enough; to do not reach
够	gòu	*adv./v.*	enough; to reach
4. 普通话	pǔtōnghuà	*n.*	mandarin
5. 流利	liúlì	*adj.*	fluent
6. 连……也／都……	lián…yě/dōu…		even
7. 铅笔	qiānbǐ	*n.*	pencil
8. 橡皮	xiàngpí	*n.*	eraser
9. 可以	kěyǐ	*adj.*	not bad
10. 阅读	yuèdú	*v.*	to read
11. 题	tí	*n.*	question
12. 错	cuò	*adj.*	wrong
13. 毕业	bìyè	*v.*	to graduate

语言点 Language Points

一、固定结构"不是……而是……"

固定结构"不是……而是……"连接表选择关系的两个分句，表示否定前一分句的内容，肯定后一分句的内容。例如：

1. 考得这么差，不是因为汉语基础不好，而是因为不够重视。

2. 她不是我女朋友，而是我妹妹。

3. 我来中国不是留学的，而是旅行的。

※ 练习：请用固定结构"不是……而是……"和所给词语完成句子

1. 我来这个学校＿＿＿＿＿＿＿＿＿＿＿＿＿＿＿＿＿。（工作　学习）

2. 他每天运动＿＿＿＿＿＿＿＿＿＿＿＿＿＿＿＿＿。（爱好　减肥）

3. 妈妈不做饭_____。（不喜欢　没有时间）

4. 我去这家商场_____。（便宜　方便）

二、固定结构"连……都/也……"

固定结构"连……都/也……"表示强调，"连"的后面引出要强调的成分，表示强调的成分尚且如此，那么其他的更是如此。例如：

1. 我连铅笔、橡皮都没带，就去考试了。

2. 这个字太难了，连老师都不认识。

3. 刚来中国的时候，我连"你好"也不会说。

※ 练习：请用固定结构"连……都/也……"和所给词语完成句子

1. 这个字很简单，_____。（小孩子）

2. 哥哥最近工作太忙了，_____。（睡觉）

3. 他很喜欢玩儿手机，_____。（吃饭的时候）

4. 妹妹学习很努力，_____。（周末）

综合练习 Comprehensive Exercises

一、根据拼音写汉字

1. yuèdú _____　　3. tí _____　　5. xiàngpí _____

2. qiānbǐ _____　　4. hòuhuǐ _____　　6. gòu _____

二、辨字组词

1. 流_____　　3. 题_____

　海_____　　　是_____

2. 够_____   4. 毕_____

    多_____   比_____

三、选词填空

> 流利　够　错　后悔　正常

1. 只买一些蔬菜 100 块钱就_____了。

2. 他的汉语说得越来越_____了。

3. 你的脸色不太_____，生病了吗？

4. 这题你做_____了，你再看看。

5. 我一点儿也不_____学习医学。

四、选出下列词语在句子中的位置

1. A 你不是 B 贫血，C 营养 D 不良。　　　　　　　　（而是）

2. A 水果 B 今天必须吃完，C 明天就 D 不新鲜了。　　（否则）

3. A 你 B 以后 C 去哪儿 D 了？　　　　　　　　　　（毕业）

4. A 我真 B 没早点儿 C 买飞机票，现在 D 已经卖完了。（后悔）

5. A 你的 B 说 C 得 D 真流利。　　　　　　　　　　（普通话）

五、根据课文内容填空

    HSK_____出来了，我只考了158分。我很_____，也很_____。考得_____，不是因为汉语基础不好，而是因为不够_____。我_____觉得自己有很多中国朋友，普通话说得也很_____，没做什么准备，连_____、橡皮都没带，就去考试了。听力考得还可以，阅读题却_____了很多。下次考试，我_____通过，否则_____，就麻烦了。

六、根据课文内容回答问题

1. 知道成绩以后，马大为感觉怎么样？

2. 他为什么没有考好？　　　　　　　　　　（不是……而是……）

3. 马大为考试的时候带学习用品了吗？　　　（连……都……）

4. 马大为的汉语阅读考得怎么样？

5. 为什么下次考试马大为必须通过？　　　　（否则）

语言任务 Language Tasks

一、阅读理解

得了缺铁性贫血的患者，应该吃一些铁剂，还可以多吃一些含铁食物，直到身体康复。

维生素 C 和叶酸对铁的吸收有很大帮助，因此缺铁性贫血患者可以多吃一些维生素 C 含量较高的水果和蔬菜，比如枣、猕猴桃、甜椒等。

需要注意的是，浓茶、咖啡会影响人对食物中铁的吸收，因此饭前、饭后一小时内最好不要喝。

来源：科普中国《贫血应该吃什么？》

补充词汇

1. 缺铁性贫血	quētiěxìng pínxuè		iron deficient anemia
2. 铁剂	tiějì	*n.*	chalybeate
3. 含	hán	*v.*	to contain
4. 食物	shíwù	*n.*	food
5. 维生素	wéishēngsù	*n.*	vitamin
6. 叶酸	yèsuān	*n.*	folic acid
7. 吸收	xīshōu	*v.*	to absorb
8. 含量	hánliàng	*n.*	content

9. 枣	zǎo	*n.*	jujube
10. 猕猴桃	míhóutáo	*n.*	kiwi fruit
11. 甜椒	tiánjiāo	*n.*	sweet pepper
12. 浓茶	nóng chá		strong tea

回答问题

1. 缺铁性贫血患者应该吃什么？

2. 哪些食物对铁的吸收有帮助？

3. 哪些饮料会影响人对铁的吸收？

二、口头表达

任务名称：怎样才能通过 HSK 考试？

任务要求：1. 三个学生一组，分组讨论通过 HSK 考试的办法。（3 分钟）

2. 每组选一名代表向全班同学介绍本组总结的通过 HSK 考试的办法，
互相交流。（3—5 分钟）

参考语言：毕业　通过　考试　分　阅读　听力　口语　写作　错　题　流利
……，否则……　随着

三、书面表达

任务名称：我的汉语学习计划。

任务要求：请介绍一下自己的汉语学习计划并写下来，要求 150 字以上。

参考语言：基础　努力　流利　后悔　通过　成绩　复习　鼓励　随着
……，否则……

离开医院要向大夫请假

学习目标 Learning Objectives

1. 语言功能：能提出请假要求并说明请假原因。
2. 语言点：介词"为了"、副词"及时"、介词"向"、副词"本来"、固定结构"对……来说"、可能补语"跟得上"、固定结构"即使……也……"。
3. 医学知识：了解中国医院住院部对病人请假外出的规定。
4. 社会文化：了解中国大学的请销假制度。

热身活动 Warming-up

1. 你一般在什么情况下需要请假？

2. 你写过请假条吗？请假条应该包含哪些内容？

117

课文（一）
Text（I）

Bìngrén hé hùshi zài jiāotán.
（病人 和 护士 在 交谈。）

bìngrén: Hùshi, xiàwǔ wǒ hái yào dǎzhēn ma?
病人： 护士，下午 我 还 要 打针 吗?

hùshi: Búyòng le.
护士： 不用 了。

bìngrén: Nà wǒ kěyǐ huí yí tàng jiā ma? Zài yīyuàn zhùle yí gè duō yuè, xiǎng
病人： 那 我 可以 回 一 趟 家 吗? 在 医院 住了 一 个 多 月，想

jiā le.
家 了。

hùshi: Nín de shǒushù hěn chénggōng, búguò xiànzài nín hái méiyǒu wánquán huīfù.
护士： 您 的 手术 很 成功，不过 现在 您 还 没有 完全 恢复。

Wèile nín de jiànkāng, nín zuìhǎo búyào líkāi yīyuàn.
为了 您 的 健康，您 最好 不要 离开 医院。

bìngrén: Wǒ jiā lí yīyuàn bù yuǎn, zuò dìtiě shí fēnzhōng jiù dào. Rúguǒ yǒu shénme
病人： 我 家 离 医院 不 远，坐 地铁 十 分钟 就 到。如果 有 什么

wèntí, wǒ huì jíshí huí yīyuàn.
问题，我 会 及时 回 医院。

hùshi: Shéi péi nín huíqu?
护士： 谁 陪 您 回去?

bìngrén: Wǒ qīzi.
病人： 我 妻子。

hùshi: Ànzhào yīyuàn de guīdìng, zhùyuàn bìngrén rúguǒ líkāi yīyuàn, yào xiàng
护士： 按照 医院 的 规定，住院 病人 如果 离开 医院，要 向

dàifu qǐngjià.
大夫 请假。

bìngrén: Hǎo de, wǒ xiànzài jiù qù zhǎo dàifu.
病人： 好 的，我 现在 就 去 找 大夫。

生词 New words

1. 交谈	jiāotán	*v.*	to talk with each other
2. 成功	chénggōng	*adj./v.*	successful; to success
3. 完全	wánquán	*adv.*	entirely, completely
4. 为了	wèile	*prep.*	for
5. 最好	zuìhǎo	*adv.*	had better
6. 离开	líkāi	*v.*	to leave
7. 地铁	dìtiě	*n.*	metro, subway
8. 及时	jíshí	*adv./adj.*	promptly; in time
9. 回去	huíqu	*v.*	to return, to go back
10. 规定	guīdìng	*n.*	regulation
11. 向	xiàng	*prep.*	to

语言点 Language Points

一、介词"为了"

介词"为了"后面常引出动作行为的目的。例如：

1. 为了您的健康，您最好不要离开医院。

2. 为了身体健康，请不要抽烟。

3. 为了打赢比赛，他每天锻炼很长时间。

为了 VS 因为

"为了"后面引出的是目的，而"因为"后面引出的是原因。

※ 练习：请选择"因为"或"为了"填空

1. _____堵车（dǔchē, traffic jam），所以我来晚了，对不起。

2. _____考上好学校，姐姐学习非常努力。

3. _____天气不好，我今天不想去爬山了。

4. _____学习汉语，我来到中国留学。

二、副词"及时"

副词"及时"表示不拖延、立刻、马上。例如：

1. 如果有什么问题，我会及时回医院。

2. 有什么问题，请及时告诉护士。

3. 医生要及时了解住院病人的情况。

※ 练习：请选择"按时"或"及时"填空

1. 这种药每天三次，要_____吃。

2. 如果觉得心脏不舒服，得_____去医院。

3. _____吃饭，_____睡觉，很快就会好起来的。

4. 如果需要帮助，请_____告诉老师。

三、介词"向"

介词"向"后面加名词，表示动作的方向。例如：

1. 从这儿向东走，200米就到。

2. 我向他走过去。

也可以引出动作的对象。例如：

3. 住院病人如果离开医院，要向大夫请假。

4. 金龙学习很努力，同学们都要向他学习。

※ 练习：组词成句

1. 孩子　跑过去　妈妈　向

　　_____

2. 飞去　向　飞机　南方

　　_____

3. 马大为　咨询　向　去云南旅游的事儿　旅行社

_____

4. 他已经　说对不起了　我　向

_____

综合练习 Comprehensive Exercises

一、根据拼音写汉字

1. líkāi _____

2. wánquán _____

3. dìtiě _____

4. guīdìng _____

5. wèile _____

6. jíshí _____

二、辨字组词

1. 及_____
   又_____

2. 离_____
   高_____

3. 规_____
   见_____

4. 向_____
   问_____

三、选词填空

为了　最好　及时　完全　向

1. _____了解中国文化，他开始学习汉语。

2. 有了新的消息，我会_____告诉你的。

3. 我们俩以前_____不认识，没想到一聊发现有这么多相同的爱好。

4. 我生病的事儿你_____先不要告诉他。

5. 我今天来是_____你说再见的。

四、选出下列词语在句子中的位置

1. 这是医院的新 A 吗？我 B 还不太了解，你 C 介绍一下 D 吧。　　（规定）

2. A 孩子上学 B，C 他们搬了 D 三次家了。　　（为了）

3. A 对不起，B 我错了，请不要 C 我 D。　　（离开）

4. A 请相信 B 我，这件事情 C 我真的 D 不知道。　　（完全）

5. A 你 B 回国前 C 得先 D 老师请假。　　（向）

五、根据课文内容填空

病人：护士，下午我还要打针吗？

护士：＿＿＿＿＿＿＿＿＿。

病人：那我可以＿＿＿＿＿＿＿＿＿吗？在医院住了一个多月，想家了。

护士：您的手术＿＿＿＿＿＿＿＿＿，不过现在您还没有＿＿＿＿＿＿＿＿＿。
　　　＿＿＿＿＿＿＿＿＿您的健康，您＿＿＿＿＿＿＿＿＿不要离开医院。

病人：我家离医院不远，坐地铁十分钟就到。如果有什么问题，我会
　　　＿＿＿＿＿＿＿＿＿。

护士：谁＿＿＿＿＿＿＿＿＿回去？

病人：我妻子。

护士：按照＿＿＿＿＿＿＿＿＿＿＿＿＿＿＿＿＿，住院病人如果离开医院，
　　　要＿＿＿＿＿＿＿＿大夫＿＿＿＿＿＿＿。

病人：好的，我现在就去找大夫。

六、根据课文内容回答问题

1. 病人想做什么？　　（趟）

2. 护士为什么建议病人不要离开医院？　　（为了）

3. 病人的家离医院有多远?

4. 谁陪病人回家?

5. 医院有什么规定?   （向）

课文（二）
Text（Ⅱ）

Měilì hé Yuèliang zài liáotiānr.
（美丽 和 月亮 在 聊天儿。）

Yuèliang: Měilì, wǒ zhōumò děi huíguó yí tàng.
月亮： 美丽，我 周末 得 回国一 趟。

Měilì: Zěnme tūrán yào huíguó?
美丽： 怎么 突然 要 回国？

Yuèliang: Wǒ běnlái méi dǎsuàn huíguó, kěshì gāngcái bàba gěi wǒ dǎ diànhuà,
月亮： 我 本来 没 打算 回国，可是 刚才 爸爸 给 我 打 电话，

shuō yéye bìng de shífēn yánzhòng, wǒ hěn nánguò. Xiǎoshíhou, wǒ yìzhí
说 爷爷 病 得 十分 严重，我 很 难过。小时候，我 一直

gēn yéye, nǎinai gòngtóng shēnghuó. Suīrán shēnghuó tiáojiàn bú tài
跟 爷爷、奶奶 共同 生活。虽然 生活 条件 不 太

hǎo, dànshì wǒmen de gǎnqíng hěn shēn.
好，但是 我们 的 感情 很 深。

Měilì: Wǒ hěn lǐjiě nǐ de xīnqíng, kuài huíqu kànkan ba. Búguò, nǐ bié wàngle
美丽： 我 很 理解 你 的 心情，快 回去 看看 吧。不过，你 别 忘了

xiàng lǎoshī qǐngjià.
向 老师 请假。

Yuèliang: Wǒ míngtiān shàngwǔ jiù qù, wǒ dǎsuàn xiān qǐng shí tiān jià.
月亮： 我 明天 上午 就去，我 打算 先 请 十 天 假。

Měilì: Nǐmen guójiā jùlí Zhōngguó nàme yuǎn, lùshang yào zhùyì ānquán.
美丽： 你们 国家 距离 中国 那么 远，路上 要 注意 安全。

Yuèliang: Hǎo de, xièxie!
月亮： 好 的，谢谢！

生词 New words

1. 本来	běnlái	*adv.*	originally
2. 十分	shífēn	*adv.*	very, quitely
3. 小时候	xiǎoshíhou	*n.*	at your mother's knee
4. 共同	gòngtóng	*adj.*	together
5. 条件	tiáojiàn	*n.*	condition
6. 感情	gǎnqíng	*n.*	emotion
7. 深	shēn	*adj.*	deep
8. 理解	lǐjiě	*v.*	to understand
9. 距离	jùlí	*v./n.*	to distance; distance
10. 安全	ānquán	*adj./n.*	safe; safety

语言点 Language Points

副词"本来"

副词"本来"表示原先、以前，可以用在主语之前，也可以用在主语之后。"本来"所在分句表达的意思往往跟后一分句意思相反。例如：

1. 我本来没打算回国，可是刚才爸爸给我打电话，说爷爷病得十分严重。

2. 本来我周末要去北京，可是我朋友突然说要来看我，我只好下个周末再去。

3. 他本来不喜欢吃中国菜，来中国半年以后，越来越喜欢吃了。

※ 练习：完成句子

1. 哥哥本来_____，可是家离医院太远了，上个星期他搬家了。

2. 王晨本来_____，认识马大为以后，越来越喜欢运动了。

3. 本来女朋友_____，听了他的话以后，马上就笑了。

4. 妈妈本来_____，现在也常常订外卖了。

一、根据拼音写汉字

1. tiáojiàn _____   3. ānquán _____   5. lǐjiě _____

2. jùlí _____   4. shífēn _____   6. gǎnqíng _____

二、辨字组词

1. 条_____   3. 件_____

   茶_____   休_____

2. 深_____   4. 距_____

   流_____   踢_____

三、选词填空

十分　共同　理解　安全　深

1. 我一个人去外国留学，父母非常担心我的_____。

2. 他是我最好的朋友，我们俩有_____的兴趣和爱好。

3. 这里的水有点儿_____，你游泳时要注意安全。

4. 小宝宝长得_____可爱。

5. 我_____你现在的心情，但只要努力，下次你一定能通过 HSK 四级
   考试。

四、选出下列词语在句子中的位置

1. 我 A 是想 B 买飞机票 C 的，可是 D 已经没有了。 （本来）

2. A 我和 B 父母的 C 很深 D。 （感情）

3. A 学校 B 宿舍的 C 非常好 D。 （条件）

4. A 你的国家 B 中国 C 有多远 D? （距离）

5. A 为了你的 B，晚上 C 最好不要太晚 D 回家。 （安全）

五、根据课文内容填空

月亮：美丽，我周末得_____。

美丽：怎么_____要回国?

月亮：我_____没打算回国，可是刚才爸爸给我打电话，说爷爷病
得_____严重，我很_____。小时候，我一直跟爷爷、
奶奶_____生活。虽然_____不太好，但是我们的感
情_____。

美丽：我很_____你的心情，快回去看看吧。不过，你别忘了_____老
师请假。

月亮：我明天上午就去，我打算_____。

美丽：你们国家_____中国那么远，路上要注意安全。

月亮：好的，谢谢!

六、根据课文内容回答问题

1. 月亮为什么突然要回国? （本来）

2. 月亮小时候和谁一起生活? （共同）

3. 美丽告诉月亮回国前要先做什么? （向）

4. 月亮计划请多久的假?

5. 美丽让月亮注意什么? （距离）

课文（三）
Text（Ⅲ）

Yuèliang jièshào zìjǐ   zài Zhōngguó de xuéxí qíngkuàng.
（月亮 介绍 自己 在 中国   的 学习 情况。）

Zhè gè xuéqī,   wǒ yǒu liù mén zhuānyèkè, liǎng mén Hànyǔkè. Duì wǒ lái shuō,
这 个学期，我 有 六门 专业课、两 门 汉语课。对 我 来说，

měi mén kè dōu bù róngyì. Chúle shàngkè yào rènzhēn xuéxí,   xiàkè yǐhòu hái yào
每 门 课都 不 容易。除了 上课 要 认真 学习，下课 以后 还 要

fùxí hé yùxí,   fǒuzé jiù huì gēn bú shàng. Píngshí xuéxí hěn jǐnzhāng, yālì yě hěn
复习和预习，否则就会 跟 不 上。平时 学习 很 紧张，压力也很

dà. Wǒ cónglái bù chídào, bù qǐngjià, jíshǐ shēngbìng le,   yě jiānchí shàngkè.
大。我 从来 不 迟到，不 请假，即使 生病 了，也 坚持 上课。

Búguò, jīntiān shàngwǔ wǒ qù xiàng lǎoshī qǐngjià le,   yīnwèi wǒ yéye bìng de hěn
不过，今天 上午 我去 向 老师 请假了，因为 我 爷爷 病 得 很

yánzhòng, wǒ yào huíguó yí tàng. Lǎoshī tóngyì le.   Wǒ hěn dānxīn yéye, xiǎng kuài
严重， 我 要 回国一趟。老师 同意了。我 很 担心爷爷，想 快

diǎnr jiàndào tā.
点儿 见到 他。

生词 New words

1. 学期	xuéqī	*n.*	semester
2. 专业课	zhuānyèkè	*n.*	specialized course
专业	zhuānyè	*n.*	major
3. 认真	rènzhēn	*adj.*	earnest, serious
4. 预习	yùxí	*v.*	to preview
5. 跟	gēn	*v.*	to catch up
6. 紧张	jǐnzhāng	*adj.*	intense
7. 压力	yālì	*n.*	pressure
8. 迟到	chídào	*v.*	to be late
9. 即使	jíshǐ	*conj.*	even if
10. 坚持	jiānchí	*v.*	to persist in
11. 同意	tóngyì	*v.*	to agree

语言点 Language Points

一、固定结构"对……来说"

在固定结构"对……来说"中，介词"对"后面要跟名词，引出说话人想要突出强调的人或事物。例如：

1. 对我来说，每门课都不容易。

2. 对中国人来说，汉字不太难；可是对留学生来说，汉字太难了！

3. 这件事对我来说很重要。

※ 练习：组词成句

1. 妹妹　对　这条裙子　太贵了　来说

_____

2. 不太容易　来说　大部分学生　这次考试　对

　　_____

3. 非常重要　来说　对　美丽　这个生日

　　_____

4. 张大夫　晚上十二点睡觉　来说　对　不算太晚

　　_____

二、可能补语"跟得上"

可能补语"跟得上"表示能够跟上，其否定式为"跟不上"。例如：

1. 你跑得太快了，我跟不上。

2. 这个学期我学习不太努力，现在有点儿跟不上了。

3. 除了上课要认真学习，下课以后还要复习和预习，否则就会跟不上。

※ 练习：请用可能补语"跟得上 / 跟不上"完成句子

　　1. 他的汉语成绩不太好，_____。

　　2. 你别说得这么快，_____。

　　3. 你慢慢儿（mànmanr, slowly）学，_____。

　　4. 我们的专业课很难，_____。

三、固定结构"即使……也……"

固定结构"即使……也……"表示假设或让步。前一分句表示一种假设的情况，后一分句表示在假设情况下结果也不会受到影响。例如：

1. 我从来不迟到，不请假，即使生病了，也坚持上课。

2. 只要努力了，即使考得不好也没关系。

3. 即使我有很多钱，我也不会买这个房子。

※ 练习：请用固定结构"即使……也……"和所给词语完成句子

　　1. 这次考试太难了，_____。（好学生）

2. 我和爷爷奶奶感情很深，_____。（离开很多年）

3. 马大为非常喜欢运动，_____。（天气不好）

4. 美丽学习很努力，_____。（周末）

综合练习 Comprehensive Exercises

一、根据拼音写汉字

1. chídào _____
2. yùxí _____
3. rènzhēn _____
4. jíshǐ _____
5. jiānchí _____
6. yālì _____

二、辨字组词

1. 压_____
   厉_____

2. 专_____
   少_____

3. 期_____
   其_____

4. 同_____
   用_____

三、选词填空

> 同意　认真　坚持　紧张　预习

1. 他学习非常_____，所以他的成绩非常好。

2. 你别_____，放松一点儿。

3. 父母都不_____我跟他结婚。

4. 每天早上去外面锻炼身体，他已经_____三年多了。

5. 别忘了_____明天的新课。

四、选出下列词语在句子中的位置

1. 我周末 A 想 B 去踢球，C 没想到院长 D 让我去出差。 （本来）

2. A 父母 B 让 C 我搬出去 D 住。 （同意）

3. A 这是 B 我来中国 C 学习的第二个 D。 （学期）

4. A 我希望 B 你不要有 C 太大的 D。 （压力）

5. A 手术成功 B，你 C 也得在医院 D 住一个星期。 （即使）

五、根据课文内容填空

这个学期，我有六门_____、两门汉语课。_____，每门课都不容易。除了上课要_____，下课以后还要_____和_____，否则就会_____。平时学习很_____，_____也很大。我从来不_____，不请假，_____生病了，也_____上课。不过，今天上午我去_____老师请假了，因为我爷爷病得很严重，我要回国_____。老师_____了。我很担心爷爷，想快点儿见到他。

六、根据课文内容回答问题

1. 月亮这学期学习忙不忙？ （除了……还……）

2. 月亮为什么下课以后还要复习和预习？ （否则）

3. 如果生病了，月亮还去上课吗？ （即便……也……）

4. 月亮今天为什么去找老师？ （向）

5. 月亮的爷爷怎么了？ （得）

一、阅读理解

当前，中国人口老龄化发展迅速。2018 年底，60 岁及 60 岁以上老年人口高达 2.5 亿。患有一种以上慢性病的老年人比例高达 75%，老年人对健康服务的需求非常大。

来源：科普中国《这 9 大因素决定了我们的寿命！看看自身有没有减分项目》

补充词汇

1. 人口	rénkǒu	*n.*	population
2. 老龄化	lǎolínghuà	*v.*	to be aging
3. 发展	fāzhǎn	*v./n.*	to develop; development
4. 迅速	xùnsù	*adj.*	rapid
5. 达	dá	*v.*	to reach
6. 慢性病	mànxìngbìng	*n.*	chronic disease
7. 比例	bǐlì	*n.*	proportion
8. 需求	xūqiú	*n.*	demand, need

回答问题

1. 到 2018 年底，中国 60 岁及 60 岁以上老年人口有多少？

2. 患有一种以上慢性病的老年人比例是多少？

3. 这段话说明了什么问题？

二、口头表达

任务名称：向老师请假。

任务背景：马上要期末考试了，可是美丽的奶奶病重，美丽想向老师请几天假回国一趟。

任务要求：1. 两个学生一组，一个扮演美丽，一个扮演美丽的老师，二人进行角色对话。（3分钟）

2. 请2—3组在班级上表演。（3—5分钟）

参考语言：理解　难过　请假　紧张　麻烦　压力　安全　注意　担心　最好

即使……也……　　如果……就……

三、书面表达

任务名称：请假。

任务要求：美丽去办公室向王老师请假，可是王老师不在。回到宿舍后，美丽给王老师发微信请假。请根据美丽的情况编写请假内容，要求150字以上。

参考语言：严重　感情　担心　着急　难过　距离　打算　同意　可是　十分　趟

医生的工资并没有那么高

学习目标 Learning Objectives

1. 语言功能：能介绍某住房的综合情况并做出评价。

2. 语言点：副词"并"、动词"以为"、副词"原来"、
   副词"实在"、复合趋向补语"下来"的引申用法。

3. 医学知识：了解中国医护人员的待遇情况。

4. 社会文化：了解中国普通家庭的住房情况。

热身活动 Warming-up

1. 在你们国家，医生的收入怎么样？

2. 在你生活的城市，租房的人多吗？
   为什么？

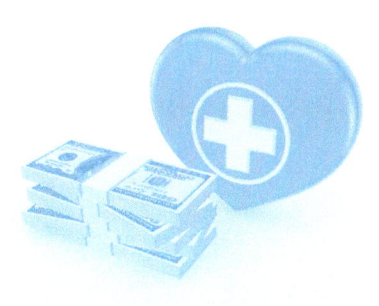

课文（一）
Text（I）

Yì Wén hé péngyou zài guàng jiē.
（艺文 和 朋友 在 逛 街。）

péngyou: Yì Wén, kuài lái kàn, nǐ xǐhuan de kùzi zài dǎzhé, xiànzài bànjià!
朋友：艺文，快来看，你喜欢的裤子在打折，现在半价!

Yì Wén: Bànjià yě yǒudiǎnr guì. Zuìjìn qiánbāo bǐjiào jǐn, bù mǎi le.
艺文：半价也有点儿贵。最近钱包比较紧，不买了。

péngyou: Nǐmen de gōngzī nàme gāo, nǐ de qiánbāo zěnme huì jǐn?
朋友：你们的工资那么高，你的钱包怎么会紧?

Yì Wén: Wǒmen de gōngzī bìng méiyǒu nàme gāo.
艺文：我们的工资并没有那么高。

péngyou: Yīshēng de shōurù bú shì hěn gāo ma? Érqiě měi gè yuè dōu yǒu hěn duō
朋友：医生的收入不是很高吗? 而且每个月都有很多

jiǎngjīn.
奖金。

Yì Wén: Suīrán měi gè yuè dōu yǒu jiǎngjīn, kěshì xiànzài yǒule háizi, huāfei yě
艺文：虽然每个月都有奖金，可是现在有了孩子，花费也

hěn duō.
很多。

péngyou: Wǒ yìzhí yǐwéi nǐmen de shōurù gāo, qián gòu huā, xiànzài cái fāxiàn,
朋友：我一直以为你们的收入高，钱够花，现在才发现，

yuánlái bú shì zhèyàng.
原来不是这样。

生词 New words

1. 逛街	guàng jiē	*VO*	to go to shopping
逛	guàng	*v.*	to stroll
街	jiē	*n.*	street
2. 裤子	kùzi	*n.*	trouser, pant
3. 打折	dǎzhé	*v.*	to be on sale
4. 半价	bànjià	*n.*	half price
5. 钱包	qiánbāo	*n.*	wallet
6. 紧	jǐn	*adj.*	tight, in short supply
7. 工资	gōngzī	*n.*	salary
8. 并	bìng	*adv.*	(not) at all
9. 奖金	jiǎngjīn	*n.*	bonus
10. 花费	huāfei	*n.*	expense
11. 以为	yǐwéi	*v.*	to presume
12. 发现	fāxiàn	*v.*	to find
13. 原来	yuánlái	*adv.*	turn out to be

语言点 Language Points

一、副词"并"

副词"并"用在否定词"不"或者"没（有）"前表示强调，说明事实不是对方所说的或一般认为的那样。例如：

1. A：医生的工资不是很高吗？

    B：医生的工资并不高，和我的差不多。

2. A：金龙说你知道这件事儿。

    B：这件事儿我并不知道。

3. 大部分病人觉得肠息肉是一种很严重的病，其实肠息肉并不是一个大问题，别担心。

※ 练习：选出副词"并"在下列句子中的正确位置

1. A 我 B 没有 C 去过新疆 D。

2. 手术 A 不是 B 王主任 C 做的 D。

3. 他的身体 A 没有 B 完全恢复，C 最好 D 不要去上班。

4. A 自己 B 去口腔医院 C 看牙 D 不麻烦。

二、动词"以为"

动词"以为"表示对某人或某事做出某种判断，但是这种判断常常是不符合事实的，后面常有一个小句说明符合事实的情况。后面常带小句做宾语。例如：

1. 我一直以为你们的收入高，钱够花，现在才发现，原来不是这样。

2. 我以为这是个大手术，可是医生说这只是个小手术。

3. 我以为今天会下雨，没想到是个大晴天。

※ 练习：请用动词"以为"完成句子

1. ＿＿＿＿＿＿＿＿＿＿＿＿，可是刚才老师说明天才考试。

2. ＿＿＿＿＿＿＿＿＿＿＿＿，没想到我们学院输了。

3. ＿＿＿＿＿＿＿＿＿＿＿＿，可是这件衣服一点儿也不舒服。

4. ＿＿＿＿＿＿＿＿＿＿＿＿，没想到他做饭做得很好吃。

三、副词"原来"

副词"原来"表示发现了以前不知道的情况，有突然明白过来的意思；既可以用在主语前，也可以用在主语后。例如：

1. 我以前也以为是这样，跟王东结婚后才发现原来不是这样。

2. 我说他的英语怎么这么好，原来他在美国留过学。

3. 月亮今天没来上课，原来她感冒了。

※ 练习：完成句子

1. 我以为我忘带伞了，原来＿＿＿＿＿＿＿＿＿＿＿＿。

2. 我们都以为他是中国人，所以汉语说得这么好，原来＿＿＿＿＿＿＿＿。

3. 马大为以为今天上解剖课，可是教室里没有人，＿＿＿＿＿＿＿＿＿＿。

4. 张主任以前每天都很忙，可是今年开始突然有很多时间，原来＿＿＿＿＿＿。

综合练习 Comprehensive Exercises

一、根据拼音写汉字

1. qiánbāo＿＿＿＿＿＿＿＿ 3. yuánlái ＿＿＿＿＿＿＿＿ 5. yǐwéi＿＿＿＿＿＿＿＿

2. gōngzī ＿＿＿＿＿＿＿＿ 4. dǎzhé＿＿＿＿＿＿＿＿ 6. fāxiàn ＿＿＿＿＿＿＿＿

二、辨字组词

1. 现＿＿＿＿＿＿＿＿ 3. 并＿＿＿＿＿＿＿＿

  见＿＿＿＿＿＿＿＿ 开＿＿＿＿＿＿＿＿

2. 以＿＿＿＿＿＿＿＿ 4. 原＿＿＿＿＿＿＿＿

  从＿＿＿＿＿＿＿＿ 厅＿＿＿＿＿＿＿＿

三、选词填空

> 以为 发现 原来 同意 打折

1. 来中国以前，我＿＿＿＿＿＿＿＿中国人都骑自行车上班。

2. 在中国，11 月 11 日的时候，很多东西都＿＿＿＿＿＿＿＿。

3. 马大为没回我的微信，＿＿＿＿＿＿＿＿是把手机落（là, leave behind）在房间里了。

4. 来到中国以后，我＿＿＿＿＿＿＿＿北方人和南方人的生活习惯是不一样的。

5. 妈妈不＿＿＿＿＿＿＿＿我在学校外边住。

四、选出下列词语在句子中的位置

1. A 我 B 对 C 学习汉语很 D 感兴趣。 （一直）
2. A 真没想到 B，C 你是 D 老师。 （原来）
3. A 昨天 B 冷，C 你 D 怎么还去爬山？ （那么）
4. 我 A 你 B 今天 C 不会 D 来了。 （以为）
5. 我 A 不知道他 B 还 C 在这里 D 学习。 （并）

五、根据课文内容填空

艺文和朋友在_____。朋友看到艺文喜欢的裤子在_____，现在半价，可以买，可是艺文觉得半价也有点儿贵，最近她钱包比较_____，不想买。朋友觉得艺文的工资_____，她的钱包_____。艺文说他们的工资_____。朋友觉得医生的收入_____，而且每个月都有_____。艺文告诉朋友，医生_____每个月都有奖金，可是现在她有了_____，每个月_____也很多。朋友一直以为医生的收入高，钱够花，现在才_____，原来_____。

六、根据课文内容回答问题

1. 朋友为什么建议艺文买裤子？ （打折）
2. 艺文买那条裤子了吗？为什么？ （有点儿）
3. 艺文和王东的工资怎么样？ （并）
4. 王东每个月都有奖金吗？ （可是）
5. 朋友以前了解医生的收入情况吗？ （原来）

课文（二）
Text（II）

Liú Yīmíng hé Zhāng Jiālè zài liáotiānr.
（刘 一鸣 和 张 佳乐 在 聊天儿。）

Liú Yīmíng: Nǐ de liǎnsè bú tài hǎo, zěnme le?
刘一鸣：你的 脸色 不太 好，怎么 了？

Zhāng Jiālè: Zuìjìn gōngzuò tài máng le, gǎnjué hěn lèi.
张佳乐：最近 工作 太 忙 了，感觉 很 累。

Liú Yīmíng: Nǐ jiā lí yīyuàn shízài tài yuǎn le, měi tiān zài lùshang yào yí gè
刘一鸣：你家离 医院 实在 太 远了，每 天 在 路上 要 一个

duō xiǎoshí ba?
多 小时 吧？

Zhāng Jiālè: Shì a, tài làngfèi shíjiān le! Wǒ zuìjìn gēn fùmǔ shāngliang hǎo le,
张佳乐：是啊，太 浪费 时间 了！我 最近 跟 父母 商量 好 了，

tāmen tóngyì wǒ zài yīyuàn fùjìn zū tào fángzi.
他们 同意 我在 医院 附近 租套 房子。

Liú Yīmíng: Nǐ dǎsuàn zū duō dà de?
刘一鸣：你打算 租 多大 的？

Zhāng Jiālè: Búyòng tài dà, lí yīyuàn yuè jìn yuè hǎo, zuìhǎo yǒu jiājù jiādiàn.
张佳乐：不用 太大，离医院 越 近越 好，最好 有家具家电。

Liú Yīmíng: Wǒ juéde nǐ zū gè yí shì yì tīng de jiù gòu le.
刘一鸣：我 觉得你租个一室 一厅 的 就够了。

Zhāng Jiālè: Duì, yí shì yì tīng huòzhě liǎng shì yì tīng dōu kěyǐ, zūjīn búyào
张佳乐：对，一室 一厅 或者 两室 一厅 都 可以，租金 不要

tài gāo.
太 高。

Liú Yīmíng: Wǒ yě zài wǎng shang bāng nǐ zhǎozhao.
刘一鸣：我 也 在 网 上 帮 你 找找。

生词 New words

1. 实在	shízài	*adv.*	really
2. 浪费	làngfèi	*v.*	to waste
3. 租	zū	*v.*	to rent
4. 套	tào	*m.*	used for apartment
5. 家具	jiājù	*n.*	furniture
6. 家电	jiādiàn	*n.*	home appliance
7. 室	shì	*n.*	room
8. 厅	tīng	*n.*	room, hall
9. 租金	zūjīn	*n.*	rental

语言点 Language Points

副词"实在"

副词"实在"表示的确、确实。例如：

1. 你家离医院实在太远了。

2. 这门课实在太难了。

3. 我今天实在是没时间。

※ 练习：组词成句

1. 热　太　夏天　实在　今年　了

_____

2. 说得　他的汉语　实在　太流利了

_____

3. 时间　实在　每天坐公共汽车　太浪费　了　上班

_____

4. 太贵了　新房子　实在　你租的　是

_____

综合练习 Comprehensive Exercises

一、根据拼音写汉字

1. tào _____   3. shízài_____   5. zūjīn_____

2. jiājù _____   4. làngfèi _____   6. jiādiàn_____

二、辨字组词

1. 租_____   3. 电_____

　　相_____   　　中_____

2. 具_____   4. 金_____

　　且_____   　　会_____

三、选词填空

浪费　租　实在　套　商量

1. 这两_____衣服都挺适合你的，你买哪_____都行。

2. 中午别订那么多外卖，我们只有两个人，吃不了，别_____。

3. 为了上班方便，他在公司附近_____了一套房子。

4. 我只考了55分，_____是太差了。

5. 我已经跟父母_____好了，他们同意我去中国留学。

四、选出下列词语在句子中的位置

1. A 我 B 不想起床，你 C 能帮我 D 买点儿早饭吗？　　　　　（实在）
2. 我 A 买了 B 很多苹果 C，你 D 买了。　　　　　　　　　（不用）
3. 每个月 A 2000 块钱 B，C 花吗 D？　　　　　　　　　　（够）
4. 我觉得 A 医学 B 专业 C 学越难 D。　　　　　　　　　　（越）
5. 我 A 每天都 B 睡 C 七个 D 小时。　　　　　　　　　　　（多）

五、根据课文内容填空

　　刘一鸣发现张佳乐的_____不太好。她最近工作太忙了，感觉_____。刘一鸣觉得张佳乐家离医院_____太远了，每天在路上要_____。张佳乐也觉得太_____时间了，她最近_____好了，他们同意张佳乐_____。她打算租一套不用太大的房子，离医院_____，最好_____。刘一鸣觉得她租个一室一厅的_____了，张佳乐觉得一室一厅或者两室一厅都可以，_____不要太高。刘一鸣也_____。

六、根据课文内容回答问题

1. 张佳乐的脸色为什么不太好？
2. 张佳乐为什么要在医院附近租房子？　　　　　　　　　　（浪费）
3. 张佳乐打算租什么样的房子？　　　　　　　　　　　　　（最好）
4. 刘一鸣建议张佳乐租什么样的房子？　　　　　　　　　（×室×厅）
5. 刘一鸣打算在哪儿帮张佳乐找房子？

课文（三）
Text（Ⅲ）

Zhāng Jiālè shuō zū fángzi de shìr.
（张 佳乐 说 租 房子的 事儿。）

Wǒ jiā lí yīyuàn hěn yuǎn, kāichē chàbuduō yí gè duō xiǎoshí. Rúguǒ dǔchē,
我 家离 医院 很 远，开车 差不多一个多 小时。如果 堵车，

shíjiān gèng cháng. Měi tiān zǎoshang, wǒ dōu hěn jǐnzhāng, dānxīn huì chídào.
时间 更 长。每 天 早上，我 都 很 紧张，担心 会 迟到。

Wǒ xiǎng zài yīyuàn fùjìn zū fángzi, fùmǔ yě tóngyì le. Zuótiān, zhōngjiè péi wǒ
我 想 在 医院 附近租房子，父母也 同意了。昨天，中介 陪我

kànle yí tào fángzi, jiù zài wǒmen yīyuàn duìmiàn. Fángzi zài liù céng, yǒu diàntī,
看了一套 房子，就在 我们 医院 对面。房子 在六层，有 电梯，

liǎng shì yì tīng, bú dào 70 píngfāng, yǒu jiājù hé jiādiàn. Fángdōng hěn rèqíng,
两 室一厅，不 到70 平方，有家具和家电。房东 很 热情，

fángzū yě bú tài gāo, měi gè yuè 3000. Wǒ duì zhè tào fángzi hěn mǎnyì,
房租 也不太高，每个月 3000。我 对 这 套 房子 很 满意，

juédìng zū xiàlai, zhèyàng yǐhòu zài yě búyòng dānxīn shàngbān chídào le. Tā
决定 租下来，这样 以后再也 不用 担心 上班 迟到了。它

jiějuéle wǒ de fánnǎo.
解决了我的 烦恼。

生词 New words

1. 差不多	chàbuduō	*adv.*	almost, nearly
2. 堵车	dǔchē	*v.*	to have a traffic jam
3. 中介	zhōngjiè	*n.*	intermediary agent
4. 层	céng	*m.*	used for floor
5. 电梯	diàntī	*n.*	elevator
6. 房东	fángdōng	*n.*	landlord
7. 房租	fángzū	*n.*	rent (for a house)
8. 满意	mǎnyì	*v.*	to be satisfied
9. 决定	juédìng	*v./n.*	to decide; decision
10. 解决	jiějué	*v.*	to solve
11. 烦恼	fánnǎo	*adj.*	worried

语言点 Language Points

复合趋向补语"下来"的引申用法

复合趋向补语"下来"用在"动词+下来"中，可以表示动作的完成。在表示完成时，有时兼有动作脱离或固定的意思，有时则只表示动作的完成。例如：

1. 我对这套房子很满意，决定租下来。（表示固定）

2. 这幅画儿挂在这里不好看，还是拿下来吧。（表示脱离）

3. 这门课很难，很多人学不下来，但是我们还是学下来了。（表示完成）

※ 练习：组词成句

1. 把这本书　读　可以　下来了　马大为

　　_____

2. 写　他说的话　请　把　下来

　　_____

3. 唱 这首（shǒu，measure word）汉语歌 你 下来 吗 能

_____

4. 在新房子 下来了 他已经 住

_____

综合练习 Comprehensive Exercises

一、根据拼音写汉字

1. fángdōng _____   3. mǎnyì _____   5. juédìng _____

2. dǔchē _____   4. fánnǎo _____   6. jiějué _____

二、辨字组词

1. 堵_____   3. 满_____

   块_____   浪_____

2. 层_____   4. 恼_____

   会_____   情_____

三、选词填空

套　层　个　场　次

1. 我想在医院附近租一_____房子。

2. 去年冬天只下了一_____大雪。

3. 我家的房子很大，有八_____房间。

4. 宿舍楼只有四_____，没有电梯。

5. 我和男朋友每周只见两_____面。

四、选出下列词语在句子中的位置

1. 我很喜欢 A 这个手机 B，一定 C 要把它买 D。 （下来）

2. 我同屋 A 每天 B 都 C 订外卖 D。 （差不多）

3. A 你 B 现在的 C 生活满意 D 吗？ （对）

4. 爸爸 A 很年轻 B，还 C 四十 D 岁。 （不到）

5. 每个人 A 都想 B 有一 C 自己 D 的房子。 （套）

五、根据课文内容填空

　　我家离医院很远，开车_____一个多小时。如果_____，时间更长。每天早上，我都很_____，担心会_____。我想在医院附近_____，父母也_____。昨天，中介陪我看了一_____房子，就在我们医院_____。房子在六_____，有_____，两室一厅，_____70平方，有家具和家电。_____很热情，_____也不太高，每个月3000。我对这套房子_____，决定租_____，这样以后再也不用担心上班迟到了。它解决了我的_____。

六、根据课文内容回答问题

1. 张佳乐为什么每天早上都很紧张？ （差不多）

2. 张佳乐看了一套什么样的房子？ （不到）

3. 那套房子的房东怎么样？

4. 那套房子的房租贵吗？

5. 张佳乐以后还用担心上班迟到吗？为什么？

一、阅读理解

随着城市化的不断发展，越来越多的人住进了公寓，大家都爱把自己的新家装修得漂漂亮亮的。谈到装修，自然避不开墙面的装饰。有的人喜欢直接刷漆，有的人爱贴墙纸，有的人则喜欢刷硅藻泥。但这三种方式操作不当的话会引起室内污染，产生如甲醛、TVOC 等对人体不好的有害气体。

来源：科普中国《装修房子用哪款乳胶漆比较好？专业检测数据为你深度解答》

补充词汇

1. 城市化	chéngshìhuà	*v.*	to be urbanizing
2. 公寓	gōngyù	*n.*	apartment
3. 装修	zhuāngxiū	*v.*	to fit up
4. 装饰	zhuāngshì	*v./n.*	to decorate; decoration
5. 刷漆	shuā qī	*VO*	to paint
6. 贴墙纸	tiē qiángzhǐ	*VO*	to wallpaper
7. 硅藻泥	guīzǎoní	*n.*	diatom ooze
8. 操作	cāozuò	*v.*	to operate
9. 不当	búdàng	*adj.*	improper
10. 污染	wūrǎn	*v.*	to pollute
11. 甲醛	jiǎquán	*n.*	formaldehyde
12. 有害	yǒu hài		harmful
13. 气体	qìtǐ	*n.*	gas

回答问题

1. 随着城市化的发展，越来越多的人住在哪里？

2. 墙面的装饰一般有哪三种方式？

3. 哪些有害气体会引起室内污染？

二、口头表达

任务名称：租房子。

任务要求：1. 两个学生一组，一个扮演租房子的留学生，一个扮演房产中介公司的工作人员。（1分钟）

2. 双方就房子面积、结构、楼层、家具、家电和房租等信息进行沟通。（3分钟）

3. 请2—3组学生在班级上表演。（3—5分钟）

参考语言：×室×厅　厨房　卫生间　家具　家电　房租　租　电梯　最好　对……（不）满意　不是……而是……

三、书面表达

任务名称：我想租一套房子。

任务要求：你打算请中国朋友帮忙租房子，准备给中国朋友发微信，告诉他你对房子的要求（包括位置、楼层、房型、面积、家具、家电、房租、房东等）。请编写微信信息，要求150字以上。

参考语言：离　附近　小区　平方米　层　电梯　家具　家电　房租　房东　实在　套　越……越……

第十课 Lesson 10 手机可能被别人捡到了

学习目标 Learning Objectives

1. 语言功能：能描述遗失物品的样子及遗失的经过并能寻求帮助。

2. 语言点：副词"倒（是）"、"被"字句、连词"甚至"、固定结构"不管……都……"。

3. 医学知识：简单了解中医知识。

4. 社会文化：了解当今中国人常用的支付方式。

热身活动 Warming-up

1. 你了解中医和中药吗？

2. 你有丢东西的经历吗？请说一说。

课文（一）
Text（1）

Māma dài háizi zài zhōngyīyuàn jiùzhěn.
（妈妈 带 孩子 在 中医院 就诊。）

yīshēng: Háizi nǎr bù shūfu?
医生： 孩子哪儿 不舒服？

háizi māma: Liǎng gè xīngqī qián jiù gǎnmào le, fāshāo, késou.
孩子妈妈： 两 个 星期 前就 感冒 了，发烧，咳嗽。

yīshēng: Chī yào le ma?
医生： 吃 药 了吗？

háizi māma: Chīle yào, yě dǎle zhēn. Xiànzài dàoshì bù shāo le, kěshì késou méi
孩子妈妈：吃了药，也打了针。现在 倒是不烧了，可是 咳嗽没

jiǎnqīng, yóuqí shì wǎnshang, ké de hěn lìhai.
减轻，尤其是 晚上，咳得 很 厉害。

yīshēng: Wǒ lái tīng yi tīng. Qìguǎn yǒudiǎnr wèntí, chī diǎnr zhōngyào ba. Háizi
医生： 我来听一听。气管 有点儿问题，吃点儿 中药 吧。孩子

jǐ suì le?
几岁了？

háizi māma: Sì suì le.
孩子妈妈： 四岁了。

yīshēng: Yǐqián chīguo zhōngyào ma?
医生： 以前 吃过 中药 吗？

háizi māma: Méi chīguo. Kěshì tā tǐng yǒnggǎn de, dǎzhēn cónglái bù kū, chī
孩子妈妈： 没 吃过。可是 他挺 勇敢 的，打针 从来 不哭，吃

zhōngyào yīnggāi yě méi wèntí.
中药 应该 也 没 问题。

yīshēng: Yào yǒudiǎnr kǔ, wǒ xiān gěi tā kāi sān tiān de shìshi.
医生： 药 有点儿苦，我 先 给他开三 天 的试试。

háizi māma: Hǎo de, xièxie dàifu.
孩子妈妈： 好 的，谢谢 大夫。

生词 New words

1. 中医院	zhōngyīyuàn	*n.*	Chinese medicine hospital
2. 就诊	jiùzhěn	*v.*	to see a doctor
3. 发烧	fāshāo	*v.*	to have a fever
烧	shāo	*v.*	to run a fever
4. 咳嗽	késou	*v.*	to cough
咳	ké	*v.*	to cough
5. 倒是	dàoshì	*adv.*	indicating consession
倒	dào	*adv.*	but, instead
6. 减轻	jiǎnqīng	*v.*	to relieve
7. 气管	qìguǎn	*n.*	weasand
8. 中药	zhōngyào	*n.*	traditional Chinese medicine
9. 勇敢	yǒnggǎn	*adj.*	brave
10. 苦	kǔ	*adj.*	bitter
11. 试	shì	*v.*	to try

语言点 Language Points

副词"倒（是）"

副词"倒（是）"表示让步，常用在前一小句，后面小句中常常有"可是、但是、就是、不过"等表示转折的词语。例如：

1. 现在倒是不烧了，可是咳嗽没减轻。

2. 这件衣服倒是不贵，可是我已经买了很多新衣服了，还是不买了吧。

3. 今天天气倒是不错，不过我没有时间出去玩儿。

※ 练习：请用副词"倒（是）"完成对话

1. A：手术顺利吗？

　　B：_____，可是病人还是需要住一周院。

2. A：听说你流鼻血了，现在怎么样？止血了吗？

   B：_____，就是还有点儿疼。

3. A：生理学考试难吗？

   B：_____，不过我考得不太好。

4. A：王大夫家离医院远吗？

   B：_____，可是开车常常堵车。

综合练习 Comprehensive Exercises

一、根据拼音写汉字

1. fāshāo _____　　3. yǒnggǎn _____　　5. zhōngyào _____

2. késou _____　　4. jiǎnqīng _____　　6. kǔ _____

二、辨字组词

1. 咳_____　　　　3. 敢_____

　喝_____　　　　　放_____

2. 倒_____　　　　4. 烧_____

　到_____　　　　　烟_____

三、选词填空

> 挺　从来　尤其　倒是　应该

1. 我现在_____不发烧了，但是还有点儿咳嗽。

2. 我喜欢冬天，_____喜欢下雪天。

3. 爷爷_____没有在网上买过东西。

4. 金龙的汉语很好，他_____听懂了王老师的意思。

5. 你点这么多外卖，又吃不完，_____浪费的。

四、选出下列词语在句子中的位置

1. A 今天 B 上午，我肚子 C 疼 D。　　　　　（有点儿）

2. 考试 A 不难 B，C 可是 D 我没好好儿复习。　（倒是）

3. 春节前后 A 去云南 B 旅游的 C 人 D 多的。　（挺）

4. 大夫 A 我开 B 了 C 四种 D 药。　　　　　（给）

5. A 这个学期 B 我还 C 没请 D 假。　　　　（过）

五、根据课文内容填空

孩子不舒服，妈妈带孩子去_____就诊。孩子两个星期前就感冒了，_____，_____。吃了药，也打了针。现在_____不烧了，可是_____没减轻，尤其是晚上，咳得_____。医生听了听，发现气管_____问题，他建议孩子吃点儿中药。孩子四岁了，以前没吃过中药，可是妈妈觉得他挺_____的，打针_____不哭，吃中药应该_____。这种药有点儿苦，医生先给他_____试试。

六、根据课文内容回答问题

1. 妈妈为什么带孩子来看病？

2. 孩子现在怎么样？　　　　　　　　　（倒是……，可是……）

3. 医生说孩子有什么问题？

4. 孩子妈妈觉得孩子能吃中药吗？为什么？

5. 医生给孩子开了多少中药？

课文（二）
Text（II）

Lǐ Zhēn hé Měilì zài liáotiānr.
（李真 和 美丽 在 聊天儿。）

Lǐ Zhēn: Měilì, nǐ hǎoxiàng bú tài gāoxìng, zěnme le?
李真：美丽，你 好像 不太 高兴，怎么 了？

Měilì: Wǒ bǎ shǒujī nòngdiū le.
美丽：我 把 手机 弄丢 了。

Lǐ Zhēn: Shénme shíhou diū de?
李真：什么 时候 丢 的？

Měilì: Zuótiān wǎnshang wǒ qù chāoshì mǎi xiāngjiāo, yòng shǒujī fù de kuǎn.
美丽：昨天 晚上 我去 超市 买 香蕉，用 手机 付的 款。

Huídào fángjiān, fāxiàn shǒujī bú jiàn le.
回到 房间，发现 手机 不 见了。

Lǐ Zhēn: Nǐ huíqu zhǎo le ma?
李真：你 回去 找 了吗？

Měilì: Méiyǒu, tài wǎn le, gūjì chāoshì yǐjīng xiàbān le.
美丽：没有，太 晚了，估计 超市 已经 下班 了。

Lǐ Zhēn: Nǐ yòng wǒ de shǒujī dǎ yíxià shìshi?
李真：你 用 我的 手机 打 一下 试试？

Měilì: Wǒ dǎguo le, shǒujī yìzhí guānjī, kěnéng bèi rén tōuzǒu le.
美丽：我 打过 了，手机 一直 关机，可能 被人 偷走 了。

Lǐ Zhēn: Yě kěnéng bèi biérén jiǎndào le, huòzhě bèi chāoshì de lǎobǎn shōu qǐlai
李真：也 可能 被 别人 捡到 了，或者 被 超市 的 老板 收 起来

le. Bié zháojí, shǒujī yǒu mìmǎ, biérén yòng bu liǎo.
了。别 着急，手机 有 密码，别人 用 不了。

生词 New words

1. 好像　　　　hǎoxiàng　　　*adv.*　　　it seems that
2. 弄　　　　　nòng　　　　　*v.*　　　　to do, to make
3. 丢　　　　　diū　　　　　　*v.*　　　　to lose
4. 超市　　　　chāoshì　　　　*n.*　　　　supermarket
5. 香蕉　　　　xiāngjiāo　　　*n.*　　　　banana
6. 付款　　　　fùkuǎn　　　　*v.*　　　　to pay
7. 估计　　　　gūjì　　　　　　*v.*　　　　to estimate
8. 关机　　　　guānjī　　　　　*v.*　　　　to power off
9. 被　　　　　bèi　　　　　　*prep.*　　　used to form a passive sentence
10. 偷　　　　　tōu　　　　　　*v.*　　　　to steal
11. 捡　　　　　jiǎn　　　　　　*v.*　　　　to pick up
12. 老板　　　　lǎobǎn　　　　*n.*　　　　boss
13. 着急　　　　zháojí　　　　　*adj.*　　　anxious, worried
14. 密码　　　　mìmǎ　　　　　*n.*　　　　password

语言点 Language Points

"被" 字句

在汉语中，由介词"被"引导的被动句叫"被"字句。"被"字句的基本结构是：

$$主语＋被（＋宾语）＋动词＋补语／了$$

其中，介词"被"前面的主语是受事，"被"后面的宾语是施事，可出现可不出现。"被"字句表示前者因为后者的某种动作行为而发生了变化。"被"后的动词一般还要带有其他成分。例如：

1. 手机一直关机，可能被人偷走了。

2. 我今天没有开车，我的车被朋友开走了。

3. 我的手机被妈妈摔了，开不了机了。

※ 练习：组词成句

1. 干净了　收拾　我的房间　妈妈　被

_____

2. 师傅　电视　修　好了　被

_____

3. 吃完了　冰箱里的冰激凌　被

_____

4. 删掉了　被　我　不小心　手机里的照片

_____

综合练习 Comprehensive Exercises

一、根据拼音写汉字

1. hǎoxiàng _____　　3. gūjì _____　　5. lǎobǎn _____

2. chāoshì _____　　4. guānjī _____　　6. zháojí _____

二、辨字组词

1. 丢_____　　　　3. 被_____

　　去_____　　　　裤_____

2. 超_____　　　　4. 码_____

　　走_____　　　　妈_____

三、选词填空

偷　捡　丢　放　挂

1. 书房的墙上_____着一张世界地图。

2. 桌子上_____着书和电脑。

3. 昨天我去商场买东西的时候钱包被_____了。

4. 马大为是个马大哈，常常_____东西。

5. 你的手机掉了，快_____起来。

四、选出下列词语在句子中的位置

1. A 冰箱里的水果 B 谁 C 吃 D 了？ （被）

2. 我的 A 手机 B 找不到 C 了，你帮我打 D。 （一下）

3. 小宝宝 A 把 B 玩具 C 举 D 了。 （起来）

4. 请问，谁 A 到 B 了 C 我的手机 D？ （捡）

5. 你 A 不 B 喜欢他 C 送你的 D 礼物，为什么？ （好像）

五、根据课文内容填空

美丽好像_____，她说她把手机_____了。昨天晚上她去超市_____，用手机_____。回到房间，发现手机不见了。她没有回去找，太晚了，_____超市已经下班了。李真让美丽用她的手机_____试试，美丽说她已经打过了，手机_____，可能_____走了。李真觉得也可能被别人捡到了，或者_____收起来了。她让美丽别_____，手机有密码，别人_____。

六、根据课文内容回答问题

1. 美丽的心情怎么样？为什么？ （好像）

2. 美丽回超市找手机了吗？为什么？ （估计）

3. 美丽的手机现在是开着还是关着？ （一直）

4. 美丽觉得还能找到手机吗？为什么？ （被）

5. 李真觉得还能找到手机吗？为什么？ （被）

课文（三）
Text（Ⅲ）

Měilì jīntiān de péngyouquān.
（美丽 今天 的 朋友圈。）

Xiànzài mǎi dōngxi hěn fāngbiàn, búyòng dài xiànjīn, yě búyòng zhǔnbèi língqián,
现在 买 东西 很 方便，不用 带 现金，也 不用 准备 零钱，

shènzhì lián xìnyòngkǎ dōu bù xūyào, zhíjiē yòng shǒujī fùkuǎn jiù kěyǐ. Wǒ xiànzài
甚至 连 信用卡 都 不需要，直接 用 手机 付款 就可以。我 现在

bùguǎn shì zài wǎng shang gòuwù, háishi zài shāngchǎng mǎi dōngxi, dōu xíguàn yòng
不管 是在 网 上 购物，还是 在 商场 买 东西，都 习惯 用

shǒujī fùkuǎn. Rúguǒ méiyǒu shǒujī, jiù tèbié bù fāngbiàn.
手机 付款。如果 没有 手机，就 特别 不 方便。

Zuótiān wǎnshang wǒ qù chāoshì mǎi xiāngjiāo de shíhou, bù xiǎoxīn diūle shǒujī.
昨天 晚上 我去 超市 买 香蕉 的 时候，不 小心 丢了手机。

Wǒ yǐwéi zhǎo bú dào le, Lǐ Zhēn juéde kěnéng shì bèi chāoshì lǎobǎn huòzhě biéde
我 以为 找 不到 了，李 真 觉得 可能 是 被 超市 老板 或者 别的

gùkè jiǎndào le. Jīntiān wǒmen qù zhǎo, yuánlái zhēn de bèi chāoshì lǎobǎn
顾客 捡到 了。今天 我们 去 找，原来 真 的 被 超市 老板

jiǎndào le!
捡到 了!

生词 New words

1. 朋友圈	péngyouquān	*n.*	WeChat moments
2. 现金	xiànjīn	*n.*	cash
3. 零钱	língqián	*n.*	small change
4. 甚至	shènzhì	*conj.*	even
5. 信用卡	xìnyòngkǎ	*n.*	credit card
6. 直接	zhíjiē	*adj.*	direct
7. 不管	bùguǎn	*conj.*	despite
8. 购物	gòuwù	*v.*	to shop
9. 顾客	gùkè	*n.*	customer
10. 真	zhēn	*adj.*	real

语言点 Language Points

一、连词 "甚至"

连词 "甚至" 用来强调突出的事例，有更进一层的意思，后面常常有 "也、都"。例如：

1. 现在买东西很方便，不用带现金，也不用准备零钱，甚至连信用卡都不需要，直接用手机付款就可以。

2. 他的工作非常忙，甚至连春节都在加班。

3. 哥哥每天都去运动，甚至下雨天也会去健身房锻炼。

※ 练习：请用连词 "甚至" 完成句子

1. 妈妈每天都很忙，_____。

2. 他学习太不努力了，常常迟到，_____。

3. 我很喜欢网上购物，我的衣服、手机_____都是从网上买的。

4. 这个电影最近特别受欢迎，很多人都去电影院（cinema）看，_____。

二、固定结构"不管……都……"

固定结构"不管……都……"表示在任何情况或条件下,结果都不会发生变化。"不管"引导的小句中常常有表示任指的疑问代词或并列短语。例如:

1. 我现在不管是在网上购物,还是在商场买东西,都习惯用手机付款。

2. 不管多晚睡觉,她都会早上六点起床。

3. 不管做什么事情,她都喜欢先问问哥哥。

4. 不管生的是不是男孩儿,宝宝健康是最重要的。

※ 练习:请用固定结构"不管……都……"完成对话

1. A:你一定要参加明天的比赛吗?

   B:＿＿＿＿＿＿＿＿＿＿＿＿＿＿＿＿＿＿＿＿＿＿＿。

2. A:天气预报说明天很冷,你还去爬山吗?

   B:＿＿＿＿＿＿＿＿＿＿＿＿＿＿＿＿＿＿＿＿＿＿＿。

3. A:你什么时候习惯用手机付款?

   B:＿＿＿＿＿＿＿＿＿＿＿＿＿＿＿＿＿＿＿＿＿＿＿。

4. A:你每天都在食堂吃饭吗?

   B:＿＿＿＿＿＿＿＿＿＿＿＿＿＿＿＿＿＿＿＿＿＿＿。

综合练习 Comprehensive Exercises

一、根据拼音写汉字

1. gùkè＿＿＿＿＿＿＿ 3. bùguǎn＿＿＿＿＿＿＿ 5. zhíjiē＿＿＿＿＿＿＿

2. gòuwù＿＿＿＿＿＿＿ 4. shènzhì＿＿＿＿＿＿＿ 6. xiànjīn＿＿＿＿＿＿＿

二、辨字组词

1. 直＿＿＿＿＿＿＿ 3. 信＿＿＿＿＿＿＿

   真＿＿＿＿＿＿＿   估＿＿＿＿＿＿＿

2.管_____   4.甚_____

　馆_____   　其_____

三、选词填空

> 不管　连　甚至　真　被

1.自行车_____哥哥骑走了。

2.我_____的没有看见你的钱包。

3. _____你去不去，我都要去参加王老师的婚礼。

4.他_____很简单的"你好"也不会说。

5.爸爸工作非常忙，_____周末都没有时间休息。

四、选出下列词语在句子中的位置

1.A 是汉语课 B 还是医学课，我 C 都觉得学习压力 D 挺大的。　（不管）

2.A 我一个星期不给 B 妈妈 C 打电话 D，她就会很担心。　（如果）

3.这个月 A 的生活费（living expenses）B 都 C 我花完 D 了。　（被）

4.她 A 学了 B 一年汉语，却 C 自己的中文名字 D 都不会写。　（连）

5.马大为不在 A 宿舍 B，C 去健身房锻炼 D 了。　（可能）

五、根据课文内容填空

　　现在买东西很方便，不用带_____，也不用准备_____，_____连_____都不需要，_____用手机付款就可以。我现在_____是在网上购物，_____在商场买东西，都习惯用手机_____。如果没有手机，就特别_____。

　　昨天晚上我去超市买香蕉的时候，不小心_____。我以为_____，李真觉得可能是被_____或者别的_____捡到了。今天我们去找，原来_____被超市老板捡到了！

六、根据课文内容回答问题

1. 美丽为什么觉得现在买东西很方便？ （甚至）

2. 美丽什么时候用手机付款？ （不管……都……）

3. 昨天晚上美丽做什么了？

4. 美丽是什么时候去超市找手机的？

5. 美丽的手机丢了吗？ （被）

语言任务 Language Tasks

一、阅读理解

现在人们对手机的依赖越来越严重。有些人如果手机不在身边就没有安全感，这就是对手机产生了依赖。这是心理疾病吗？医生说轻微的手机依赖不会出现明显的情绪变化和精神症状，属于一种正常的心理反应，不属于心理疾病；但患者如果同时出现情绪变化和精神症状，那就属于手机依赖症，这是一种新型的心理疾病。患有手机依赖症的患者，平时要养成良好的生活习惯，坚持进行体育运动，必要时可以寻求心理医生的帮助。

补充词汇

1. 依赖	yīlài	v.	to rely on, to be dependent on
2. 安全感	ānquángǎn	n.	sense of security
3. 心理	xīnlǐ	n.	psychology
4. 疾病	jíbìng	n.	disease, illness
5. 轻微	qīngwēi	adj.	light
6. 明显	míngxiǎn	adj.	obvious, clear
7. 情绪	qíngxù	n.	mood, feeling

8. 症状	zhèngzhuàng	*n.*	symptom
9. 属于	shǔyú	*v.*	to belong to
10. 反应	fǎnyìng	*n.*	reaction
11. 新型	xīnxíng	*adj.*	late-model
12. 寻求	xúnqiú	*v.*	seek, explore

回答问题

1. 手机依赖症是一种新型心理疾病吗？

2. 患有手机依赖症的人有哪些表现？

3. 医生对手机依赖症患者有哪些建议？

二、口头表达

任务名称：了解各种付款方式。

任务要求：1. 三个学生一组，分组讨论各种付款方式的特点。（3分钟）

2. 每组选一名代表向全班同学介绍本组的讨论结果。（3—5分钟）

参考语言：付款　现金　银行卡　信用卡　零钱　方便　习惯　密码　丢

倒（是）　甚至　直接

三、书面表达

任务名称：寻物启事。

任务要求：你的手机丢了，你需要写一则寻物启事，上面应包括丢手机的时间和

地点、手机的特点、联系方式和致谢等信息，要求150字以上。

参考语言：小心　丢　捡　估计　方便　着急　习惯　真　被

我的肺到底怎么了？

学习目标 Learning Objectives

1. 语言功能：能描述某一地方的风景。

2. 语言点：副词"到底"、副词"几乎"、固定结构"不仅……
而且……"、动态助词"着"（4）。

3. 医学知识：了解抽烟对身体的危害。

4. 社会文化：了解当代中国人流行的休闲娱乐方式。

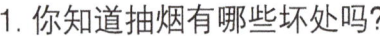

热身活动 Warming-up

1. 你知道抽烟有哪些坏处吗？

2. 对你来说，有效的放松方式有哪些？

课文（一）
Text（Ⅰ）

Yīshēng zài hūxī nèikē ménzhěn zuòzhěn.
（医生 在 呼吸内科 门诊 坐诊。）

yīshēng: Nǐ nǎr bù shūfu?
医生：你 哪儿 不 舒服？

bìngrén: Wǒ zuìjìn késou de lìhai, hūxī yě hěn kùnnan, érqiě měi tiān wǎnshang
病人：我 最近 咳嗽 得厉害，呼吸也 很 困难，而且 每天　晚上

dōu chū hěn duō hàn, fēicháng nánshòu. Nín bāng wǒ kànkan, wǒ dàodǐ shì
都 出 很 多 汗，非常　难受。您 帮 我 看看，我 到底 是

zěnme le?
怎么 了？

yīshēng: Kěnéng shì fèi de wèntí, wǒ lái tīngting. Nǐ píngshí chōuyān ma?
医生：可能 是肺的 问题，我来 听听。你 平时　抽烟　吗？

bìngrén: Chōule shí duō nián le.
病人：抽了 十 多 年 了。

yīshēng: Yǐhòu bié zài chōuyān le, yào duì zìjǐ de jiànkāng fùzé.
医生：以后 别 再　抽烟 了，要 对自己的　健康　负责。

bìngrén: Dàifu, qíngkuàng yánzhòng ma?
病人：大夫，情况　严重　吗？

yīshēng: Xiànzài hái bù hǎo shuō, děi xiān jìnxíng jiǎnchá. Nǐ xiān chá gè xiě, zài
医生：现在 还不 好 说，得先 进行　检查。你 先 查 个 血，再

zuò gè CT.
做 个CT。

bìngrén: Hǎo de, wǒ mǎshàng qù.
病人：好 的，我 马上　去。

生词 New words

1. 呼吸内科	hūxī nèikē		respiratory department
呼吸	hūxī	*v.*	to breathe
内科	nèikē	*n.*	internal medicine
2. 坐诊	zuòzhěn	*v.*	(of a doctor) to sit in a pharmacy or other fixed places to see patients
3. 困难	kùnnan	*adj.*	difficult, hard
4. 出汗	chūhàn	*v.*	to perspire
汗	hàn	*n.*	perspiration
5. 难受	nánshòu	*adj.*	uncomfortable
6. 到底	dàodǐ	*adv.*	on earth
7. 肺	fèi	*n.*	lung
8. 负责	fùzé	*adj./v.*	responsible; to be responsible for
9. 进行	jìnxíng	*v.*	to proceed
10. CT	CT	*n.*	Computed tomography

语言点 Language Points

副词 "到底"

语气副词"到底"用在疑问句中，表示进一步追究；既可以用在主语前，也可以用在主语后；多用在口语中。例如：

1. 你到底去还是不去？

2. 到底你去还是他去？

当疑问代词做主语时，"到底"只能用在主语前，不能用在主语后。例如：

3. 到底谁是你的老师？

4. * 谁到底是你的老师？

"到底"不能用在带疑问词"吗"的疑问句中。例如：

5. * 你到底去吗？

6. * 她到底是老师吗？

只能说：

7. 你到底去不去？

8. 她到底是不是老师？

※ 练习：请用副词"到底"改写下列问句

1. 医生，我的肺怎么了？

＿＿＿＿＿＿＿＿＿＿＿＿＿＿＿＿＿＿＿＿＿？

2. 这是感冒吗？

＿＿＿＿＿＿＿＿＿＿＿＿＿＿＿＿＿＿＿＿＿？

3. 检查结果出来了没有？

＿＿＿＿＿＿＿＿＿＿＿＿＿＿＿＿＿＿＿＿＿？

4. 你哪儿不舒服呢？

＿＿＿＿＿＿＿＿＿＿＿＿＿＿＿＿＿＿＿＿＿？

综合练习 Comprehensive Exercises

一、根据拼音写汉字

1. nánshòu ＿＿＿＿＿　　3. fèi ＿＿＿＿＿　　5. jìnxíng ＿＿＿＿＿

2. dàodǐ ＿＿＿＿＿　　4. fùzé ＿＿＿＿＿　　6. chūhàn ＿＿＿＿＿

二、辨字组词

1. 受＿＿＿＿＿　　　　　3. 肺＿＿＿＿＿

　　爱＿＿＿＿＿　　　　　市＿＿＿＿＿

2. 吸＿＿＿＿＿　　　　　4. 汗＿＿＿＿＿

　　及＿＿＿＿＿　　　　　汉＿＿＿＿＿

三、选词填空

> 内科　坐诊　负责　进行　呼吸

1. 以后这个工作就让你来_____了。

2. 你是不是感到_____困难？

3. 如果消化不良，那你应该挂消化_____的号。

4. 你得先_____身体检查。

5. 我建议你去东山医院看看，听说那儿的_____大夫都很有名。

四、选出下列词语在句子中的位置

1. A 抽烟 B 对 C 不好 D。　　　　　　　　　（肺）

2. 出 A 以后 B 要多 C 喝点儿 D 水。　　　　　（汗）

3. 检查 A 结果 B 什么 C 时候能 D 出来？　　　（到底）

4. A 你感冒 B 好了没？C 还 D 吗？　　　　　　（难受）

5. A 我们家 B 的收入 C 减少了，经济（jīngjì, financial condition）有点儿

   D。　　　　　　　　　　　　　　　　　　　（困难）

五、根据课文内容填空

医生：你哪儿不舒服？

病人：我最近咳嗽得厉害，_____也很困难，而且每天晚上都出很

　　　多_____，非常_____。您帮我看看，我_____是怎么了？

医生：可能是_____的问题，我来听听。你_____抽烟吗？

病人：抽了十多年了。

医生：以后别再抽烟了，要_____自己的健康_____。

病人：大夫，_____严重吗？

医生：现在还不好说，得先_____检查。你先查个血，再做个CT。

病人：好的，我马上去。

六、根据课文内容回答问题

    1. 病人怎么了？   （呼吸）

    2. 病人平时抽烟吗？

    3. 医生建议病人不要做什么？   （对……负责）

    4. 医生现在知道病人得了什么病吗？

    5. 病人需要做哪些检查？   （先……再……）

课文（二）
Text（Ⅱ）

Měilì　hé　xuéjiě　zài　liáotiānr.
（美丽　和　学姐　在　聊天儿。）

Měilì:　Zuìjìn kǎoshì tài duō, wǒ kuài lèi sǐ le!
美丽：最近考试 太多，我 快 累死了！

xuéjiě:　Zhōumò zánmen chūqu fàngsōng fàngsōng ba.
学姐：周末　咱们　出去　放松　放松　吧。

Měilì:　Kěshì tiānqì yùbào shuō, zhōumò huì jiàngwēn.
美丽：可是 天气 预报 说，周末 会 降温。

xuéjiě:　Jiàngwēn yě méishìr,　zuì gāo qìwēn 12 dù ne.　Zuìjìn jīhū měi tiān dōu shì
学姐：降温　也没事儿，最高 气温 12 度呢。最近 几乎 每 天 都 是

lán tiān, bái yún,　kōngqì zhìliàng zhème hǎo,　bù chūqu wánr tài kěxī le.
蓝 天、白 云，空气 质量 这么 好，不 出去 玩儿太可惜了。

Zánmen kěyǐ　qù guàngguang gōngyuán.
咱们　可以去　逛逛　公园。

Měilì:　Hǎo a!
美丽：好 啊！

xuéjiě:　Yě kěyǐ　qù yóulèyuán wánwanr.
学姐：也可以 去 游乐园 玩玩儿。

Měilì:　Yě xíng.　Nà zánmen zhōumò dàodǐ qù nǎr　wánr?
美丽：也 行。那 咱们　周末 到底去哪儿玩儿？

xuéjiě:　Háishi qù jiāoqū ba,　qù kànkan Zhōngguó de　mǔqīnhé — Huáng Hé,　nàr
学姐：还是 去 郊区吧，去 看看　中国　的 母亲河——黄　河，那儿

hái yǒu yí zuò měilì de dà qiáo.
还 有 一 座 美丽的大 桥。

Měilì:　Shì ma? Tīng qǐlai　hǎoxiàng shì "wǒ"　de qiáo!
美丽：是 吗？听 起来　好像　是 "我"　的 桥！

xuéjiě:　Kàn nǐ　déyì de!
学姐：看 你 得意的！

生词 New words

1. 学姐	xuéjiě	*n.*	senior female schoolmate
2. 出去	chūqu	*v.*	to go out
3. 降温	jiàngwēn	*v.*	to lower the temperature
4. 气温	qìwēn	*n.*	air temperature
5. 几乎	jīhū	*adv.*	nearly, almost
6. 蓝天	lán tiān		blue sky
7. 白云	bái yún		white cloud
云	yún	*n.*	cloud
8. 空气	kōngqì	*n.*	air
9. 质量	zhìliàng	*n.*	quality
10. 可惜	kěxī	*adj.*	regretful
11. 公园	gōngyuán	*n.*	park
12. 游乐园	yóulèyuán	*n.*	amusement park
13. 郊区	jiāoqū	*n.*	outskirts, suburbs
14. 母亲河	mǔqīnhé	*n.*	mother river
河	hé	*n.*	river
15. 座	zuò	*m.*	used for a giant object
16. 美丽	měilì	*adj.*	beautiful
17. 桥	qiáo	*n.*	bridge
18. 得意	déyì	*adj.*	proud of oneself

专有名词 Proper nouns

黄河	Huáng Hé	the Yellow River

语言点 Language Points

副词"几乎"

副词"几乎"表示十分接近、差不多，后面所接成分常常包含数量短语。例如：

1. 今天晚上的饭几乎花了他一千块钱。

2. 今天来看比赛的人几乎是上次的两倍。

3. 最近几乎每天都是蓝天、白云。

※ 练习：请用副词"几乎"和所给词语完成句子

1. 昨天作业太多了，_____。（1点）

2. 我家离公司有点儿远，_____。（两个小时）

3. 最近我真的太忙了，_____。（睡两三个小时）

4. 我们虽然是同学，_____。（没说过话）

综合练习 Comprehensive Exercises

一、根据拼音写汉字

1. jiàngwēn _____   3. déyì _____   5. kōngqì _____

2. jīhū _____   4. zhìliàng _____   6. jiāoqū _____

二、辨字组词

1. 郊_____   3. 温_____

　 校_____   　 流_____

2. 质_____   4. 座_____

　 后_____   　 坐_____

三、选词填空

几乎　降温　可惜　质量　公园

1. 周末我们去_____散步吧。

2. 价格贵的东西_____不一定就好。

3. 美丽最近半个月_____每天晚上都去图书馆学习。

4. 听说明天要_____，你别忘了穿上厚衣服。

5. 我去北京出差的时候，根本没时间爬长城（the Great wall），真是太
   _____了！

四、选出下列词语在句子中的位置

1. A 明天的 B 最高 C 是多少度 D？ （气温）

2. 十年后，A 房子 B 的价格 C 增长了一倍 D。 （几乎）

3. A 你知道 B 中国最有名的 C 叫什么 D 名字吗？ （河）

4. A 郊区的空气 B 比 C 城市里的好 D 得多。 （质量）

5. A 你今天 B 是 C 和谁一起 D 的？ （出去）

五、根据课文内容填空

美丽：最近考试太多，我快_____！

学姐：周末咱们_____放松放松吧。

美丽：可是天气预报说，周末会_____。

学姐：降温也没事儿，_____12度呢。最近_____每天都是蓝天、
   白云，_____这么好，不出去玩儿太_____了。咱们可以去逛
   逛_____。

美丽：好啊！

学姐：也可以去_____玩玩儿。

美丽：也行。那咱们周末_____去哪儿玩儿？

学姐：还是去_____吧，去看看中国的母亲河——黄河，那儿还有一
   座_____的大桥。

美丽：是吗？听起来好像是"我"的桥！

学姐：看你_____的！

六、根据课文内容回答问题

1. 美丽最近为什么感觉累死了？

2. 学姐给了美丽什么建议？　　　　　　　　　　　（出去）

3. 周末天气怎么样？　　　　　　　　　　　　　（降温、几乎）

4. 她们打算去哪儿？

5. 中国的母亲河叫什么名字？

课文（三）
Text（Ⅲ）

Xuéjiě de péngyouquān.
（学姐 的　朋友圈。）

Jīntiān, wǒ hé Měilì qù jiāoqū wánr le. Wǒmen zài xuéxiào ménkǒu zuò 10 lù
今天，我 和 美丽 去 郊区 玩儿了。我们 在 学校 门口 坐10路

chē, zhíjiē jiù dào Huáng Hé Gōngyuán le. Jiāoqū bùjǐn huánjìng hǎo, yǒu shān
车，直接就 到 黄 河 公园 了。郊区 不仅 环境 好，有 山

yǒu shuǐ, érqiě méiyǒu wūrǎn, kōngqì zhìliàng hěn hǎo. Suīrán qiūtiān dào le, dànshì
有 水，而且 没有 污染，空气 质量 很 好。虽然 秋天 到了，但是

shān shàng de shùyè hé cǎodì réngrán shì lǜ de, fēicháng měi. Jiāoqū de yángguāng
山 上 的 树叶和草地 仍然 是绿的，非常 美。郊区的 阳光

hǎo jí le. Wǒmen tǎng zài cǎodì shàng, kànzhe lán tiān, bái yún, liáozhe tiānr, yòu
好 极了。我们 躺 在草地 上，看着 蓝天、白云，聊着 天儿，又

liángkuai yòu shūfu. Zuì hǎowánr de shì, Měilì liáozhe liáozhe shuìzháo le.
凉快 又 舒服。最 好玩儿 的 是，美丽 聊着 聊着 睡着 了。

Huídào xuéxiào de shíhou, yǐjīng xiàwǔ wǔ diǎn duō le. Jīntiān wǒ de shōuhuò
回到 学校 的 时候，已经 下午五 点 多了。今天 我 的 收获

hěn dà, bùjǐn xīnshǎngle qiūtiān de měijǐng, érqiě fàngsōngle xīnqíng.
很 大，不仅 欣赏了 秋天 的 美景，而且 放松了 心情。

生词 New words

1. 不仅	bùjǐn	*conj.*	not only
2. 环境	huánjìng	*n.*	environment
3. 污染	wūrǎn	*v.*	to pollute
4. 草地	cǎodì	*n.*	grassland
草	cǎo	*n.*	grass
5. 仍然	réngrán	*adv.*	still
6. 阳光	yángguāng	*n.*	sunshine
7. 凉快	liángkuai	*adj.*	nice and cool
8. 着	zháo	*v.*	used after a verb to indicate that a result has been achieved
9. 收获	shōuhuò	*n./v.*	harvest, gain; to gain
10. 欣赏	xīnshǎng	*v.*	to enjoy, to appreciate
11. 美景	měijǐng	*n.*	beautiful scenery

专名 Proper nouns

黄河公园	Huáng Hé Gōngyuán	the Yellow River Park

语言点 Language Points

一、固定结构"不仅……而且……"

固定结构"不仅……而且……"表示递进关系，可以连接两个小句，也可以连接名词性成分。它表示除了前面所说的意思以外，还有更进一层的意思。与"不但……而且……"用法类似，但"不仅……而且……"多用于书面语。例如：

1. 郊区不仅环境好，有山有水，而且没有污染，空气质量很好。

2. 不仅我们班的学生，而且老师们也都参加了这个比赛。

3. 我在中国留学不仅学会了汉语，而且认识了很多中国朋友。

※ 练习：请用固定结构"不仅……而且……"和所给词语造句

  1. 离家很近　工资很高

      _____

  2. 去过中国留学　去美国留过学

      _____

  3. 认识他　和他是好朋友

      _____

  4. 景色很美　空气很干净

      _____

二、动态助词"着"（4）

动态助词"着"用在"V_1 + 着 + V_1 + 着 + V_2"结构中，表示 V_1 这个动作正在进行的时候，V_2 代表的动作开始进行。例如：

  1. 最好玩儿的是，美丽聊着聊着睡着了。

  2. 他说着说着哭了起来。

  3. 宝宝跑着跑着摔倒了。

※ 练习：请用"V_1 + 着 + V_1 + 着 + V_2"和所给词语造句

  1. 看电影　哭

      _____

  2. 听音乐　睡着

      _____

  3. 读书　笑

      _____

  4. 打吊针　睡着

      _____

综合练习 Comprehensive Exercises

一、根据拼音写汉字

1. xīnshǎng _____
2. měijǐng _____
3. yángguāng _____
4. réngrán _____
5. liángkuai _____
6. wūrǎn _____

二、辨字组词

1. 仍_____
   扔_____

2. 凉_____
   京_____

3. 赏_____
   员_____

4. 环_____
   还_____

三、选词填空

> 污染　环境　草地　阳光　公园

1. 前两年这里的空气_____很严重,现在好多了。

2. 你是喜欢逛_____还是逛商场?

3. 今天的天气不错,_____好极了!

4. 经常有人坐在_____上聊天儿、看书。

5. 你们小区的_____真不错!

四、选出下列词语在句子中的位置

1. A 云南 B 有美景，还有 C 各种各样的 D 少数民族文化。 （不仅）

2. 虽然 A 这次考试还是没有 B 通过，但是我 C 会努力 D 的。 （仍然）

3. 山上 A 的美景 B 应该 C 慢慢（mànmàn, slowly）地 D。 （欣赏）

4. 这次旅行 A 我有一个 B 很大的 C，那就是认识了 D 一位新朋友。

（收获）

5. A 这个 B 公园的 C 特别好，D 空气也不错。 （环境）

五、根据课文内容填空

今天，我和美丽去_____玩儿了。我们在学校门口坐 10 路车，_____就到黄河公园了。郊区不仅_____，有山有水，而且没有_____，空气质量很好。虽然秋天到了，但是山上的_____和_____仍然是绿的，非常美。郊区的阳光好极了。我们躺在_____上，看着_____、白云，聊着天儿，又_____又_____。最好玩儿的是，美丽聊着聊着睡_____了。回到学校的时候，已经下午五点多了。今天我的收获很大，_____欣赏了秋天的美景，_____放松了心情。

六、根据课文内容回答问题

1. 美丽她们是怎么去黄河公园的？

2. 郊区环境怎么样？ （不仅……而且……）

3. 她们在郊区做什么了？ （草地）

4. 她们是什么时候回到学校的？

5. 美丽的学姐觉得这一天过得怎么样？ （收获）

语言任务 Language Tasks

一、阅读理解

　　烟草可以导致多种疾病，严重危害我们的健康。世界卫生组织最新的调查报告显示，在全球范围内，烟草每年使 800 多万人失去生命，其中约有 700 万人死于吸烟导致的疾病，120 万人死于二手烟暴露导致的疾病。

　　烟草的生产全过程也严重危害了我们的环境。报告显示，烟草每年会毁掉 6 亿棵树，占用 20 万公顷土地，耗费 220 亿吨水，并排放 8400 万吨二氧化碳。

　　因此，为了我们的身体健康，也为了我们共同生活的地球，我们应该一起对烟草说"不"。

补充词汇

1. 烟草	yāncǎo	*n.*	tobacco
2. 导致	dǎozhì	*v.*	to cause, to lead to
3. 危害	wēihài	*v.*	to harm
4. 全球	quánqiú	*n.*	the whole world
5. 范围	fànwéi	*n.*	scope, range
6. 使	shǐ	*v.*	to make
7. 失去	shīqù	*v.*	to lose
8. 二手烟	èrshǒuyān	*n.*	second-hand smoke
9. 暴露	bàolù	*v.*	to expose
10. 毁掉	huǐdiào	*VP*	to destroy
11. 亿	yì	*num.*	a hundred million
12. 占用	zhànyòng	*v.*	to occupy
13. 公顷	gōngqǐng	*m.*	hectare
14. 耗费	hàofèi	*v.*	to consume
15. 吨	dūn	*m.*	ton
16. 排放	páifàng	*v.*	to discharge
17. 二氧化碳	èryǎnghuàtàn	*n.*	carbon dioxide
18. 地球	dìqiú	*n.*	the earth

回答问题

1. 烟草有哪些危害?

2. "烟草危害环境"表现在哪些方面?

3. 我们应该对烟草持什么样的态度?

二、口头表达

任务名称:抽烟的坏处。

任务要求:1.两个学生一组,一个扮演丈夫,一个扮演妻子。(1分钟)

2.妻子告诉丈夫抽烟的各种坏处,并劝丈夫少抽烟,丈夫说出各种不得不抽烟的理由。(3分钟)

3.请2—3组学生在班级上表演。(3—5分钟)

参考语言:咳嗽　呼吸　肺　难受　严重　负责　健康　后悔　压力　放松

马上　几乎　不仅……而且……　到底

三、书面表达

任务名称:美丽的 ×××。

任务要求:请向同学们介绍一处美丽的地方,可以是你的家乡,也可以是你生活的城市,还可以是一座山、一个公园等,并写下来,要求150字以上。

参考语言:环境　空气　蓝天　白云　欣赏　美景　心情　放松　好玩儿

不仅……而且……　几乎　连……都……

第十二课
Lesson 12 可能是急性肠胃炎

学习目标 Learning Objectives

1. 语言功能：能阐述自己对某事的态度并且说明原因。

2. 语言点：副词"光"、时间名词"后来"、副词"竟然"、连词"而"、连词"要不"、连词"于是"。

3. 医学知识：了解身材过胖或过瘦对健康的影响。

4. 社会文化：了解当代中国人对身材的态度。

热身活动 Warming-up

1. 你认为有效的减肥方式有哪些？   2. 有些人觉得"越瘦越美"，你怎么看？

课文（一）
Text（Ⅰ）

Yīshēng zài xiāohuà nèikē ménzhěn zuòzhěn.
（医生 在 消化 内科 门诊 坐诊。）

yīshēng:　Nǐ zěnme le?
医生：你 怎么 了？

bìngrén:　Dùzi téng de lìhai.
病人：肚子 疼 得 厉害。

yīshēng:　Fùxiè ma?
医生：腹泻 吗？

bìngrén:　Fùxiè hěn yánzhòng, guāng jīntiān xiàwǔ jiù qùle qī-bā tàng cèsuǒ.
病人：腹泻 很 严重， 光 今天 下午 就 去了七八 趟 厕所。

yīshēng:　Wǔfàn chī shénme le?
医生：午饭 吃 什么 了？

bìngrén:　Zhōngwǔ chīle cóng bīngxiāng li ná chūlai de xīguā, hòulái yòu hēle liǎng píng
病人：中午 吃了从 冰箱 里拿出来的西瓜, 后来又喝了两 瓶

píjiǔ. Hēwán hòu jiù kāishǐ lā dùzi,   hái tùle liǎng-sān cì, nánshòu jí le.
啤酒。喝完 后 就 开始 拉肚子, 还吐了两 三 次, 难受 极 了。

yīshēng:　Kěnéng shì jíxìng chángwèiyán. Xiān qù chá xiě hé dàbiàn, děng huàyàn
医生：可能 是急性 肠胃炎。 先 去 查血和大便, 等 化验

jiéguǒ chūlai yǐhòu cái néng zhīdào dàodǐ shì shénme wèntí.
结果 出来 以后 才 能 知道 到底是 什么 问题。

bìngrén:　Hǎo de, xièxie dàifu, wǒ xiànzài jiù qù.
病人：好 的, 谢谢 大夫, 我 现在 就去。

生词 New words

1. 腹泻	fùxiè	*v.*	to have a diarrhea
2. 光	guāng	*adv.*	only, merely
3. 厕所	cèsuǒ	*n.*	toilet
4. 西瓜	xīguā	*n.*	watermelon
5. 后来	hòulái	*n.*	then, afterwards
6. 啤酒	píjiǔ	*n.*	beer
7. 拉肚子	lā dùzi	*VO*	to have loose bowels
8. 吐	tù	*v.*	to vomit
9. 肠胃炎	chángwèiyán	*n.*	gastroenteritis
肠	cháng	*n.*	intestine
胃	wèi	*n.*	stomach
10. 大便	dàbiàn	*n.*	stool, shit

语言点 Language Points

一、副词 "光"

副词 "光" 用于限定范围，表达 "只、单" 的意思。多用在口语中，其后可以加名词性、动词性和形容词性成分。其否定形式为 "不光"。例如：

1. 腹泻很严重，光今天下午就去了七八趟厕所。

2. 这个人工作不努力，光说不做。

3. 买衣服光便宜不行，更重要的是舒服、质量好。

4. 今天参加活动的不光小学生，也有中学生和大学生。

※ 练习：请用副词 "光" 完成对话

　　1. A：老师和学生都参加足球比赛吗？

　　　 B：_____。

2. A：这个手机很好看，你怎么不买呢？

　　B：_____。

3. A：你为什么要租这个房子？是因为便宜吗？

　　B：_____，还因为它离学校近。

4. A：周末怎么不出去玩儿？

　　B：_____。

二、时间名词"后来"

　　时间名词"后来"指过去的某一时间之后的时间。例如：

　　1. 中午吃了从冰箱里拿出来的西瓜，后来又喝了两瓶啤酒。

　　2. 他刚毕业的时候在北京工作，后来去了上海（Shanghai）。

　　3. 五年前我做过一次肠息肉切除手术，后来息肉又长出来了，又做了一次。

后来 VS 以后

　　1. "后来"只能单用；"以后"可以单用，也可以用在别的词语后。例如：

三天以后（√）　　　我毕业以后（√）

三天后来（×）　　　我毕业后来（×）

　　2. "后来"只能指过去的某一时间之后，"以后"可以指过去或者将来的某一时间之后。例如：

以后你不能迟到了（√）　从那儿以后，她每天都早睡早起（√）

后来你不能迟到了（×）　从那儿后来，她每天都早睡早起（×）

※ 练习：请选择"后来"或"以后"填空

　　1. 今天下午五点_____我要去健身房运动。

　　2. 昨天晚上我吃了烤鸭，_____又喝了啤酒。

　　3. 我先查了血，_____又查了大便。

　　4. 这是我第一次来中国，_____我想每年都来一次。

一、根据拼音写汉字

1. dàbiàn_____   3. tù_____   5. hòulái_____

2. píjiǔ_____   4. fùxiè_____   6. guāng_____

二、辨字组词

1. 腹_____   3. 光_____

　复_____   　来_____

2. 肚_____   4. 泻_____

　吐_____   　写_____

三、选词填空

厕所　西瓜　大便　啤酒　肠胃炎

1. 医生让我去查一下_____。

2. 请问，这附近有公共_____吗？

3. 医生，这是我的化验单，我是得了_____吗？

4. 举起你们的_____，让我们一起祝老板生日快乐。

5. 我特别喜欢吃水果，苹果、香蕉、_____什么的都爱吃。

四、选出下列词语在句子中的位置

1. A 结果 B 什么时候 C 才能 D 出来？ （化验）

2. A 你是从 B 什么时候 C 开始 D 的？ （腹泻）

3. 今天我 A 和朋友 B 聊天儿了，C 一点儿作业也没 D 写。 （光）

4. A 你怎么 B 了？是不是吃 C 了什么不干净的 D 东西？ （吐）

5. A 毕业以后 B 我就回家了，C 找了一个满意的 D 工作。 （后来）

五、根据课文内容填空

医生：你怎么了？

病人：_____疼得厉害。

医生：_____吗？

病人：腹泻很严重，_____今天下午就去了七八_____厕所。

医生：午饭吃什么了？

病人：中午吃了从冰箱里拿出来的西瓜，后来又喝了两瓶_____。喝完
后就开始_____，还_____两三次，难受极了。

医生：可能是急性_____。先去查血和_____，等_____结果出来
以后才能知道_____是什么问题。

病人：好的，谢谢大夫，我现在就去。

六、根据课文内容回答问题

1. 病人怎么了？

2. 病人为什么老去厕所？ （腹泻）

3. 病人午饭吃了什么？ （后来）

4. 病人得了什么病？ （可能）

5. 病人需要做哪些检查？

课文（二）
Text（Ⅱ）

Zhāng Jiālè hé Liú Yīmíng yìbiān chīfàn yìbiān liáotiānr.
（张　佳乐和刘　一鸣　一边　吃饭　一边　聊天儿。）

Zhāng Jiālè: Wǒ juéde nǐ jīntiān yǒudiǎnr qíguài.
张佳乐：我　觉得　你今天　有点儿　奇怪。

Liú Yīmíng: Nǎr   qíguài?
刘一鸣：哪儿 奇怪？

Zhāng Jiālè: Píngshí nǐ nàme ài chī ròu, kěshì jīntiān de yángròu nǐ jìngrán yì kǒu
张佳乐：平时　你那么爱吃肉，可是今天的　羊肉　你竟然一口

dōu méi chī.
都　没吃。

Liú Yīmíng: Wǒ zuìjìn pàngle hěn duō. Wǒ pà wǒ pàng le, nǐ jiù bù xǐhuan wǒ le.
刘一鸣：我　最近胖了　很多。我怕我　胖了，你就不喜欢　我了。

Zhāng Jiālè: Nǐ yǐqián yě bú shòu, wǒ bú huì yīnwèi nǐ pàng ér bù xǐhuan nǐ.
张佳乐：你以前也不　瘦，我不会　因为你　胖而不喜欢　你。

Liú Yīmíng: Tóngshì shuō wǒ bǐ yǐqián gèng pàng le, děi jiǎnféi. Wǒ dōu bùgǎn
刘一鸣：同事　说我比以前　更　胖了，得减肥。我都不敢

zhào jìngzi le.
照　镜子了。

Zhāng Jiālè: Tài pàng duì shēntǐ bù hǎo, kěshì bù chī ròu duì shēntǐ yě bù hǎo.
张佳乐：太胖　对　身体不好，可是不吃肉对　身体也不好。

Zàishuō, kàndào hǎochī de què bù néng chī, duō kělián a!
再说，　看到　好吃的却不能　吃，多可怜啊！

Liú Yīmíng: Hǎo, dōu tīng nǐ de. Yàobù zánmen zài lái yì pán yángròu, zài diǎn
刘一鸣：好，都听　你的。要不　咱们　再来一盘　羊肉，再点

yì tiáo yú?
一条　鱼？

生词 New words

1. 奇怪　　　qíguài　　　*adj.*　　strange, weird
2. 羊肉　　　yángròu　　　*n.*　　mutton
3. 竟然　　　jìngrán　　　*adv.*　　unexpectedly
4. 口　　　　kǒu　　　　*n.*　　a bite of, mouth
5. 而　　　　ér　　　　*conj.*　　while
6. 同事　　　tóngshì　　　*n.*　　colleague
7. 照镜子　　zhào jìngzi　　*VO*　　to see oneself in the mirror
　　照　　　zhào　　　　*v.*　　to look into the mirror
　　镜子　　jìngzi　　　*n.*　　mirror
8. 再说　　　zàishuō　　　*conj.*　　what's more
9. 可怜　　　kělián　　　*adj.*　　pitiful
10. 要不　　　yàobù　　　*conj.*　　or, otherwise
11. 盘　　　　pán　　　　*m.*　　a dish of
12. 鱼　　　　yú　　　　*n.*　　fish

语言点 Language Points

一、副词"竟然"

副词"竟然"表示说话人感到很意外，没有想到。例如：

1. 平时你那么爱吃肉，可是今天的羊肉你竟然一口都没吃。

2. 马大为每天都按时来上课，今天竟然没来。

3. 我以为今天是晴天，没想到竟然下起大雨来。

※ 练习：请用副词"竟然"完成句子

　　1. 他昨天说今天五点过来，＿＿＿＿＿＿＿＿＿＿＿＿＿＿＿＿＿＿。

　　2. 我以为她是马大为的姐姐，＿＿＿＿＿＿＿＿＿＿＿＿＿＿＿＿＿。

3. 哥哥减了一个月的肥，_____。

4. 今天这么冷，_____。

二、连词"而"（1）

连词"而"可以把表示原因、目的、方式、依据等的成分连接到动词前，这种用法多出现在书面语中。例如：

1. 我不会因为你胖而不喜欢你。 （原因）

2. 我是为了减肥而运动。 （目的）

3. 通过运动而减肥是个好方法（fāngfǎ，method）。 （方式）

※ 练习：选出连词"而"在下列句子中的正确位置

1. 金龙 A 正在为 B 当一名医生 C 努力 D。

2. 后来 A，他 B 因为不适应 C 北方的气候 D 搬到了南方。

3. 爸爸 A 因为做了 B 心脏支架手术 C 不得不（have to）D 改变生活习惯。

4. 爷爷 A 因为 B 医生的建议 C 戒（jiè，quit）了烟 D。

三、连词"要不"

连词"要不"表示两种意愿的选择，带有商量和建议的语气。多用于口语。例如：

1. 好，都听你的。要不咱们再来一盘羊肉，再点一条鱼？

2. 坐飞机太贵了，要不我们坐高铁（gāotiě，high-speed railway）吧。

3. 要不我们周末别自己做饭了，叫外卖吧。

※ 练习：请用连词"要不"完成句子

1. 食堂的菜不太好吃，_____。

2. 爬山太累了，_____。

3. 去电影院（cinema）看电影有点儿远，_____。

4. 作业今天写不完，_____。

一、根据拼音写汉字

1. jìngrán_____   3. kělián_____   5. yángròu_____

2. qíguài_____   4. tóngshì_____   6. jìngzi_____

二、辨字组词

1. 镜_____   3. 竟_____

　境_____   　境_____

2. 而_____   4. 羊_____

　雨_____   　样_____

三、选词填空

> 光　而　要不　竟然　到底

1. 今年的寒假我们_____放几天?

2. 你可别因为减肥_____伤了身体。

3. 这次汉语考试他_____考了全校第一。

4. 我突然有急事要去北京,_____我们下次见面再说吧。

5. 这个月我花了三千多块钱,_____买家具就花了两千多。

四、选出下列词语在句子中的位置

1. A 过生日 B 还要 C 加班,太 D 了。　　　　　　　　(可怜)

2. A 你今天 B 怎么一 C 饭也不吃 D ?　　　　　　　　(口)

3. A 不要 B 因为 C 减肥 D 伤了身体。 （而）

4. A 今天实在 B 太冷了，C 咱们别 D 出去玩儿了。 （要不）

5. 我 A 从来没想到 B 能在这里 C 见到 D 老同学。 （竟然）

五、根据课文内容填空

张佳乐：我觉得你今天有点儿_____。

刘一鸣：哪儿奇怪？

张佳乐：_____你那么爱吃肉，可是今天的羊肉你_____一口都没吃。

刘一鸣：我最近胖了很多。_____我胖了，你就不喜欢我了。

张佳乐：你以前也不瘦，我不会_____。

刘一鸣：同事说我比以前更胖了，得_____。我都不敢_____了。

张佳乐：太胖对身体不好，可是不吃肉对身体也不好。_____，看到好吃的却不能吃，多_____啊！

刘一鸣：好，都听你的。_____咱们再来一盘羊肉，再点一条鱼？

六、根据课文内容回答问题

1. 张佳乐为什么觉得刘一鸣奇怪？ （竟然）

2. 刘一鸣担心什么？

3. 刘一鸣的同事觉得他怎么样？

4. 张佳乐同意刘一鸣的做法吗？ 为什么？ （再说）

5. 刘一鸣为什么又点了两个菜？

课文（三）
Text（Ⅲ）

Zhāng Jiālè zài tán jiànkāng.
（张　佳乐在　谈　健康。）

Zài　shēnghuó zhōng,　hěn　duō pàng rén　xiànmù　shòu rén,　juéde yuè　shòu
在　生活　中，很　多 胖 人　美慕　瘦 人，觉得 越　瘦

yuè hǎokàn, yúshì tāmen xiǎng gè zhǒng bànfǎ biànshòu. Kěshì pàng rén xiǎng bú dào
越　好看，于是他们　想　各　种　办法 变瘦。可是　胖 人　想　不 到

de shì,　tāmen yě huì bèi hěn duō shòu rén　xiànmù. Hěn duō shòu rén yě　yǒu fánnǎo,
的 是，他们 也 会 被 很 多　瘦　人　美慕。很 多　瘦　人 也 有 烦恼，

bǐrú,　chángcháng juéde lìqi　búgòu, róngyì pínxuè, dōngtiān tèbié pà lěng, yúshì
比如，　常常　　觉得力气不够，容易 贫血，冬天　特别 怕 冷，于是

tāmen xiǎng gè zhǒng bànfǎ　biànpàng. Pàng rén xiǎng biànshòu, shòu rén　xiǎng
他们　想　各　种　办法　变胖　。胖　人　想　变瘦，瘦 人　想

biànpàng, zhè zhēn shì hěn yǒuqù. Qíshí, pàng diǎnr,　shòu diǎnr dōu bú zhòngyào,
变胖，　这　真　是 很 有趣。其实，胖　点儿、瘦 点儿 都 不　重要，

zuì guānjiàn de shì shēntǐ jiànkāng.
最　关键　的 是 身体　健康。

生词 New words

1. 谈　　　　　　tán　　　　　　　　v.　　　　　　to talk
2. 在……中　　　zài…zhōng　　　　　　　　　in, among
　　中　　　　　zhōng　　　　　　　n.　　　　　　in
3. 羡慕　　　　　xiànmù　　　　　　v.　　　　　　to envy, to admire
4. 于是　　　　　yúshì　　　　　　conj.　　　　　whereupon, then
5. 办法　　　　　bànfǎ　　　　　　n.　　　　　　way, method
6. 比如　　　　　bǐrú　　　　　　　v.　　　　　　for example, such as
7. 力气　　　　　lìqi　　　　　　　n.　　　　　　strength
8. 有趣　　　　　yǒuqù　　　　　　adj.　　　　　interesting, fascinating
9. 关键　　　　　guānjiàn　　　　　adj./n.　　　vital, important; key, crux

语言点 Language Points

连词 "于是"

连词 "于是" 表示承接关系，常用在后一小句的主语前或后，表示后面的事情承接前面的事情，常常是由前面的事情引起的。例如：

1. 很多瘦人也有烦恼，比如，常常觉得力气不够，容易贫血，冬天特别怕冷，于是他们想各种办法变胖。

2. 爸爸觉得冬天去哈尔滨太冷了，于是我们寒假去了三亚。

3. 学校食堂里人太多了，于是我们去学校外面的饭店吃了晚饭。

※ 练习：请用连词 "于是" 完成句子

1. 大家都说那个电影特别好看，_____。

2. 姐姐太瘦了，有点儿贫血，还常常没有力气，_____。

3. 医生说检查结果下午就能出来，_____。

4. 晚上加班回家，我很累，_____。

综合练习 Comprehensive Exercises

一、根据拼音写汉字

1. yúshì _____
2. bǐrú _____
3. guānjiàn _____
4. xiànmù _____
5. lìqi _____
6. yǒuqù _____

二、辨字组词

1. 趣_____
   起_____
2. 美_____
   羊_____
3. 键_____
   健_____
4. 关_____
   天_____

三、选词填空

> 羡慕 关键 有趣 力气 办法

1. 有人说，_____总比困难多。

2. 一般来说，男人的_____比女人大。

3. 我真_____你有一个这么关心你的朋友。

4. 这次的汉语考试对我很_____。

5. 这个电影非常_____，我建议你有时间去看看。

四、选出下列词语在句子中的位置

1. A 在工作 B，他非常努力 C，很多同事都喜欢 D 他。　　　　　　（中）

2. A 这条裙子 B 很多时候你都可以穿，C 逛街、工作、旅游 D 的时候。

（比如）

3. A 忙了一天的工作，B 我现在一点儿 C 都没有 D 了。　　　　（力气）

4. A 你有什么 B 问题就说出来，我们 C 一起想 D。　　　　　　（办法）

5. A 护士说 B 医院里面不能抽烟，C 我只能去外面 D 抽。　　　（于是）

五、根据课文内容填空

在生活中，很多胖人_____瘦人，觉得_____，于是他们想各种办法变瘦。可是胖人想不到的是，他们也会_____很多瘦人羡慕。很多瘦人也有_____，比如，常常觉得_____不够，容易_____，冬天特别怕冷，于是他们想_____变胖。胖人想变瘦，瘦人想变胖，这真是很_____。_____，胖点儿、瘦点儿都不重要，最_____的是身体健康。

六、根据课文内容回答问题

1. 为什么有的胖人羡慕瘦人？　　　　　　　　　　（越……越……）

2. 瘦人有什么烦恼？　　　　　　　　　　　　　　　　　（比如）

3. 有的瘦人不喜欢冬天，为什么？

4. 张佳乐觉得什么很有趣？

5. 张佳乐觉得胖一点儿好还是瘦一点儿好？　　　　　　　（关键）

语言任务 Language Tasks

一、阅读理解

传说中的"喝水都会胖"的体质指的就是易胖体质。易胖体质的形成虽然有遗传性原因，但主要还是受日常生活方式影响。一般来说，拥有易胖体质的人会有以下几种表现：

1. 一日三餐不正常并且经常在外就餐；

2. 爱吃零食，爱吃夜宵；

3. 有抽烟、喝酒的习惯；

4. 经常熬夜；

5. 缺乏运动；

6. 吃饭速度过快。

如果以上表现你中了 3 项以上，那可要当心了。你不但很容易"变胖"，而且容易影响身体健康。那健康的生活方式应该是怎样的呢？下面的一些生活建议可能会有帮助：

1. 早吃好，午吃饱，晚吃少；

2. 吃饭速度要慢；

3. 晚饭之后运动；

4. 每周选择 2 天轻断食；

5. 少吃甜食；

6. 适当补充蛋白质。

补充词汇

1. 传说	chuánshuō	*n.*	legend, lore
2. 体质	tǐzhì	*n.*	body constitution
3. 形成	xíngchéng	*v.*	to form
4. 遗传性	yíchuánxìng	*n.*	heredity

5. 拥有	yōngyǒu	*v.*	to possess, to have
6. 表现	biǎoxiàn	*n.*	performance
7. 就餐	jiùcān	*v.*	to have a meal
8. 零食	língshí	*n.*	snack
9. 夜宵	yèxiāo	*n.*	midnight snack
10. 缺乏	quēfá	*v.*	to be short of
11. 中	zhòng	*v.*	to hit, to fit exactly
12. 项	xiàng	*m.*	item
13. 当心	dāngxīn	*v.*	to be careful
14. 轻断食	qīng duàn shí	*VP*	to have a fast diet
15. 适当	shìdàng	*adj.*	proper
16. 补充	bǔchōng	*v.*	to supplement
17. 蛋白质	dànbáizhì	*n.*	protein

回答问题

1. 易胖体质主要是受什么影响形成的？

2. 拥有易胖体质的人一般会有什么表现？

3. 健康的生活方式应该注意什么？

二、口头表达

任务名称：减肥的方法。

任务要求：1. 三个学生一组，分组讨论不同减肥方法的好与坏。（3分钟）

2. 每组选出一名代表向全班学生介绍本组的讨论结果。（3—5分钟）

参考语言：健康　好看　帅　锻炼　蔬菜　肉　水果　胖　瘦　照镜子

多＋V/VP　少＋V/VP　越……越……　看起来……

三、书面表达

任务名称：减肥。

任务要求：请分析一下人们减肥的原因和所采用的方法，并发表评论，要求150

字以上。

参考语言：觉得　美慕　好看　健康　锻炼　营养　胖　瘦　烦恼　关键　为了
于是　对……（不）好

第十三课
Lesson 13

怀孕是个复杂的过程

学习目标 Learning Objectives

1. 语言功能：能描述自己的愿望并说明原因。

2. 语言点：固定结构"既然……就……"、副词"究竟"、固定结构"只要……就……"、固定结构"拿……来说"、副词"到处"。

3. 医学知识：了解目前医学界常用的生育辅助技术。

4. 社会文化：了解当代中国的生育政策及普通人的生育态度。

热身活动 Warming-up

1. 在你们国家，一对夫妻一般生几个孩子？

2. 生孩子更难还是养孩子更难？为什么？

202

课文（一）
Text（I）

Yīshēng zài shēngzhí ménzhěn kànbìng.
（ 医生 在 生殖 门诊 看病。）

bìngrén: Dàifu, jiǎnchá jiéguǒ chūlai le, máfan nín kànkan.
病人： 大夫， 检查 结果 出来 了， 麻烦 您 看看。

yīshēng: Nǐ hé nǐ zhàngfu de shēntǐ dōu méi wèntí.
医生： 你 和 你 丈夫 的 身体 都 没 问题。

bìngrén: Jìrán wǒ liǎ dōu méi wèntí, jiù yīnggāi yǒu háizi a? Kěshì jiéhūn
病人： 既然 我俩 都 没 问题， 就 应该 有 孩子 啊？ 可是 结婚

zhème duō nián le, wǒmen yìzhí méiyǒu, jiūjìng shì shénme yuányīn?
这么 多 年 了，我们 一直 没有， 究竟 是 什么 原因？

yīshēng: Huáiyùn shì gè fùzá de guòchéng. Jíshǐ fūqī liǎ dōu jiànkāng, yě bù néng
医生： 怀孕 是个 复杂的 过程。即使 夫妻俩 都 健康，也 不能

bǎozhèng bǎi fēn zhī bǎi huáiyùn. Huái bú shàng de yuányīn yǒu hěn duō.
保证 百分之百 怀孕。怀 不 上 的 原因 有 很 多。

bìngrén: Wǒmen zuòmèng dōu xiǎng yǒu gè háizi. Zǒngshì huái bú shàng, hěn
病人： 我们 做梦 都 想 有个 孩子。总是 怀 不 上， 很

shīwàng, wǒmen dōu kuài méi xìnxīn le.
失望， 我们 都 快 没 信心 了。

yīshēng: Bié nàme jǐnzhāng. Yào xiǎng huáiyùn, yídìng yào xīnqíng yúkuài.
医生： 别 那么 紧张。要 想 怀孕， 一定 要 心情 愉快。

bìngrén: Wǒmen de yālì hěn dà, yīnwèi dōu bù niánqīng le.
病人： 我们 的 压力 很 大，因为 都 不 年轻 了。

yīshēng: Xiànzài yǒu hěn duō shēngzhí fǔzhù jìshù, nǐmen yě kěyǐ kǎolǜ yíxià.
医生： 现在 有 很 多 生殖 辅助 技术，你们 也可以 考虑 一下。

生词 New words

1. 生殖	shēngzhí	v.	to reproduce
2. 既然	jìrán	conj.	since
3. 究竟	jiūjìng	adv.	on earth
4. 怀孕	huáiyùn	v.	to get pregnant
怀	huái	v.	to get pregnant
5. 复杂	fùzá	adj.	complicated
6. 过程	guòchéng	n.	process
7. 夫妻	fūqī	n.	man and wife
8. 保证	bǎozhèng	v.	to ensure, to guarantee
9. 百分之百	bǎi fēn zhī bǎi		one hundred percent, totally
百分之	bǎi fēn zhī		percent
10. 做梦	zuòmèng	v.	to dream
梦	mèng	n.	dream
11. 失望	shīwàng	adj.	disappointed
12. 信心	xìnxīn	n.	confidence
13. 愉快	yúkuài	adj.	delightful
14. 辅助	fǔzhù	v.	to assist
15. 技术	jìshù	n.	technology
16. 考虑	kǎolù	v.	to consider

语言点 Language Points

一、固定结构"既然……就……"

固定结构"既然……就……"表示先承认已有的现实和结论，然后根据这个现实和结论做出判断。例如：

1. 既然我俩都没问题，就应该有孩子啊？

2. 既然你也喜欢看电影，那我们就一起去吧。

3. 既然外边下雨了，那咱们就不去爬山了吧。

※ 练习：请用固定结构"既然……就……"完成对话

    1. A：今天下午有篮球比赛，可是我感冒了。

        B：＿＿＿＿＿＿＿＿＿＿＿＿＿＿＿＿＿＿＿＿。

    2. A：医生说让我以后少抽烟。

        B：＿＿＿＿＿＿＿＿＿＿＿＿＿＿＿＿＿＿＿＿。

    3. A：我想再瘦一点儿。

        B：＿＿＿＿＿＿＿＿＿＿＿＿＿＿＿＿＿＿＿＿。

    4. A：我很想去，但是今天实在太忙了。

        B：＿＿＿＿＿＿＿＿＿＿＿＿＿＿＿＿＿＿＿＿。

二、副词"究竟"

    语气副词"究竟"一般用在问句当中，表示进一步追究，有加强语气的作用。但是，"究竟"不能用在含"吗"的是非问句中。"究竟"经常用在谓语前，其后所接成分通常是含有疑问代词或肯定否定并列的不确定成分。例如：

    1. 我俩结婚这么多年一直没有孩子，究竟是什么原因？

    2. 你究竟买不买这件衣服？

    3. 这次考试你准备得究竟怎么样？

    如果提问针对的是主语，那"究竟"只能用在主语前，不能用在主语后。例如：

    4. 究竟是马大为还是金龙要过生日？

    注意："究竟"多用于书面语，口语中多用"到底"。

※ 练习：请用副词"究竟"完成对话

    1. A：＿＿＿＿＿＿＿＿＿＿＿＿＿＿＿＿＿＿＿？

        B：我是韩国人。

    2. A：＿＿＿＿＿＿＿＿＿＿＿＿＿＿＿＿＿＿＿？

        B：我也不知道几点开始。

    3. A：＿＿＿＿＿＿＿＿＿＿＿＿＿＿＿＿＿＿＿？

        B：月亮要回国，参加不了。

4. A：_____?

　　B：他得的是急性肠胃炎。

综合练习 Comprehensive Exercises

一、根据拼音写汉字

1. huáiyùn _____　　3. bǎozhèng _____　　5. jìshù _____

2. fùzá _____　　4. jìrán _____　　6. yúkuài _____

二、辨字组词

1. 怀_____　　3. 证_____

　　环_____　　　正_____

2. 殖_____　　4. 究_____

　　直_____　　　空_____

三、选词填空

失望　愉快　既然　考虑　究竟

1. 这个人_____得了什么病？

2. 你_____这么不喜欢医学，那就换个专业吧。

3. 希望你们寒假过得_____。

4. 他每次考试成绩都非常差，父母对他非常_____。

5. 请你给我一点儿时间_____一下。

四、选出下列词语在句子中的位置

1. A 学习汉语有一个 B，不要 C 着急，努力就一定会 D 学好的。（过程）
2. A 考了几次 B HSK 四级 C 都没通过，我快没 D 了。（信心）
3. A 我晚上 B 睡不好 C，经常做 D。（梦）
4. A 爸爸妈妈 B 百 C 会帮助 D 你。（百分之）
5. 生病 A 的 B 时候更要 C 营养 D。（保证）

五、根据课文内容填空

病人：大夫，检查结果出来了，_____您看看。

医生：你和你丈夫的身体都没问题。

病人：_____我俩都没问题，_____应该有孩子啊？可是结婚这么多年了，我们一直没有，_____是什么原因？

医生：怀孕是个复杂的_____。_____夫妻俩都健康，也不能_____百分之百怀孕。怀不上的原因有很多。

病人：我们_____都想有个孩子。总是怀不上，很_____，我们都快没_____了。

医生：别那么_____。要想怀孕，一定要心情_____。

病人：我们的压力很大，因为都不年轻了。

医生：现在有很多生殖_____技术，你们也可以_____一下。

六、根据课文内容回答问题

1. 病人为什么来看医生？
2. 病人和她丈夫身体情况怎么样？
3. 夫妻俩身体都健康就一定能怀上孩子吗？（百分之）
4. 病人现在心情怎么样？（失望）
5. 医生给了他们什么建议？（考虑）

课文（二）
Text (II)

Yì Wén hé Wáng Dōng zài jiā liáotiānr.
（艺文 和 王 东 在 家 聊天儿。）

Wáng Dōng: Línjū jiā shēngle gè xiǎo bǎobao, nǐ qù kàn le ma?
王东：邻居家 生了 个 小 宝宝，你 去 看 了 吗？

Yì Wén: Kàn le, shì gè nǚháir, tèbié kě'ài!
艺文：看 了，是 个 女孩儿，特别 可爱！

Wáng Dōng: Yǒu gè kě'ài de nǚ'ér, zhēn ràng rén xiànmù.
王东：有 个 可爱 的 女儿，真 让 人 羡慕。

Yì Wén: Nà nǐ yuànyì zài shēng yí gè ma? Gāoxìng jiù yǒu dìdi, mèimei le.
艺文：那 你 愿意 再 生 一个 吗？高兴 就 有 弟弟、妹妹 了。

Wáng Dōng: Zhǐyào nǐ yuànyì, wǒ jiù yuànyì.
王东：只要 你 愿意，我 就 愿意。

Yì Wén: Wǒ bùgǎn zài shēng le.
艺文：我 不敢 再 生 了。

Wáng Dōng: Wèi shénme? Pà téng ma?
王东：为 什么？怕 疼 吗？

Yì Wén: Bú shì pà téng, shì pà yǎng. Gāoxìng chūshēng yǐhòu, wǒ cái zhīdào
艺文：不是 怕疼，是 怕 养。高兴 出生 以后，我 才 知道

yǎng háizi shì duōme bù róngyì.
养 孩子 是 多么 不容易。

Wáng Dōng: Kànlái rénmen zǒngjié de duì, "shēng háizi róngyì yǎng háizi nán"!
王东：看来 人们 总结 得对，"生 孩子 容易 养 孩子 难"！

生词 New words

1. 邻居	línjū	*n.*	neighbor
2. 愿意	yuànyì	*mod.v.*	to be willing to
3. 弟弟	dìdi	*n.*	younger brother
4. 妹妹	mèimei	*n.*	younger sister
5. 只要	zhǐyào	*conj.*	as long as
6. 养	yǎng	*v.*	to raise
7. 多么	duōme	*adv.*	how, so
8. 人们	rénmen	*n.*	people
9. 总结	zǒngjié	*v.*	to sum up

语言点 Language Points

固定结构"只要……就……"

固定结构"只要……就……"表示必要条件，即具备了前一分句的条件就可以产生后一分句的结果。连词"只要"可以用在主语前，也可以用在主语后。例如：

1. 只要你愿意，我就愿意。

2. 你只要是医学院的学生，就可以参加。

3. 只要我参加比赛，我们就一定能赢。

※ 练习：请用固定结构"只要……就……"完成对话

1. A：你喜欢运动吗？

   B：特别喜欢，＿＿＿＿＿＿＿＿＿＿＿＿＿＿＿＿＿＿。

2. A：留学生可以去图书馆借（jiè, borrow）书吗？

   B：当然可以，＿＿＿＿＿＿＿＿＿＿＿＿＿＿＿＿＿＿。

3. A：在网上买东西难不难？

   B：不难，＿＿＿＿＿＿＿＿＿＿＿＿＿＿＿＿＿＿。

4. A：我一定要减肥！

    B：胖一点儿没关系，_____。

综合练习 Comprehensive Exercises

一、根据拼音写汉字

1. yuànyì_____   3. yǎng_____   5. duōme _____

2. dìdi _____   4. línjū _____   6. zǒngjié_____

二、辨字组词

1. 弟_____   3. 养_____

    第_____   差_____

2. 总_____   4. 结_____

    意_____   给_____

三、选词填空

> 多么 愿意 只要 总结 养

1. _____天气好，他就会去公园锻炼。

2. 秋天到了，树叶黄了，公园里的景色_____美啊！

3. 你刚做了心脏支架手术，出院后要好好儿_____着。

4. 王老师，你_____调课吗？我周二上午有事儿，咱们换一下吧。

5. 每天下班前，李大夫都习惯_____一下这一天的工作。

四、选出下列词语在句子中的位置

1. A 你更努力 B 一点儿，C 就能 D 通过考试。 （只要）
2. A 和朋友们 B 一起 C 去旅行，这是 D 开心的事儿啊！ （多么）
3. A 这条 B 狗 C 是我 D 的。 （养）
4. A 我来 B 一下 C 我们这个月的 D 工作情况。 （总结）
5. A 谁 B 参加 C 周末的 D 足球比赛？ （愿意）

五、根据课文内容填空

王东：_____家生了个小宝宝，你去看了吗？

艺文：看了，是个女孩，特别_____！

王东：有个可爱的女儿，真让人_____。

艺文：那你_____再生一个吗？高兴就有弟弟、妹妹了。

王东：_____你愿意，我_____愿意。

艺文：我不敢再生了。

王东：为什么？_____吗？

艺文：不是怕疼，是_____。高兴出生以后，我才知道养孩子是
　　　_____不容易。

王东：看来人们_____得对，"生孩子容易养孩子难"！

六、根据课文内容回答问题

1. 邻居家有什么事儿？
2. 王东为什么羡慕邻居？
3. 艺文想再生一个孩子吗？
4. 艺文怕生孩子吗？ （多么）
5. 艺文觉得"生孩子"难还是"养孩子"难？你觉得呢？

课文（三）
Text（Ⅲ）

Yì Wén tán duì shēng háizi de xiǎngfǎ.
（艺文 谈 对 生 孩子的 想法。）

Yǐqián, ànzhào guójiā guīdìng, yí duì fūqī yìbān zhǐ néng shēng yí gè háizi.
以前，按照 国家 规定，一对 夫妻一般只 能 生 一个孩子。

Xiànzài zhèngcè tiáozhěng le, guójiā gǔlì yí gè jiātíng shēng liǎng gè shènzhì sān gè
现在 政策 调整 了，国家 鼓励一个家庭 生 两个甚至三个

háizi. Xǔduō jiātíng xuǎnzé zài shēng yí gè, yě yǒude jiātíng juéde yí gè háizi
孩子。许多 家庭 选择再 生 一个，也 有的 家庭 觉得一个 孩子

jiù gòu le. Jiù ná wǒmen jiā lái shuō ba, wǒmen xiànzài zhǐ yǒu yí gè háizi.
就 够 了。就 拿 我们 家来 说 吧，我们 现在 只有 一个 孩子。

Háizi hěn jiànkāng, yě hěn huópō. Zhǐyào xǐngzhe, jiù bù xiánzhe, dàochù luàn
孩子很 健康，也很 活泼。只要 醒着，就不 闲着，到处 乱

pá. Suīrán háizi gěile wǒ hěn duō lèqù, kěshì yě ràng wǒ juéde hěn xīnkǔ.
爬。虽然 孩子给了我 很多乐趣，可是也 让 我 觉得很辛苦。

Wǒ juéde yí gè háizi jiù gòu le, bù xiǎng zài shēng le.
我 觉得一个孩子就 够 了，不 想 再 生 了。

生词 New words

1. 想法	xiǎngfǎ	*n.*	idea
2. 对	duì	*m.*	couple of, pair of
3. 政策	zhèngcè	*n.*	policy
4. 许多	xǔduō	*num.*	lots of
5. 选择	xuǎnzé	*v./n.*	to choose; choice
6. 活泼	huópō	*adj.*	vivacious, lively
7. 醒	xǐng	*v.*	to be awake
8. 闲	xián	*adj.*	unoccupied, not busy
9. 到处	dàochù	*adv.*	everywhere
10. 乐趣	lèqù	*n.*	joy

一、固定结构"拿……来说"

固定结构"拿……来说"用于举例子。例如：

1. 就拿我们家来说吧，我们现在只有一个孩子。

2. 医学专业的学生要上很多课，拿这个学期来说，我们就有六门专业课。

3. 现在心脏有问题的人越来越多，拿我们学院来说，有好几位老（old）教授都做过心脏支架手术。

※ 练习：请用固定结构"拿……来说"完成句子

1. 中国和我们国家的文化不太一样，_____。

2. 我和同屋的生活习惯不同，_____。

3. 我们学校的宿舍条件不错，_____。

4. 大学（university）里有很多不同国家的留学生，_____。

二、副词"到处"

副词"到处"表示任何地方或全部范围，在句中主要充当状语和主语。例如：

1. 孩子很健康，也很活泼。只要醒着，就不闲着，到处乱爬。

2. 李老师家里到处都是书。

3. 春天到了，到处都是漂亮的花儿。

※ 练习：选出副词"到处"在下列句子中的正确位置

1. 我 A 都 B 找了，可是 C 并没有找到 D 我的信用卡。

2. A 昨晚下了 B 大雨，C 外面 D 都是水。

3. A 她 B 摔伤了，C 衣服上 D 都是血。

4. A 马大为 B 一放假 C 就 D 旅游。

一、根据拼音写汉字

1. dàochù_____   3. xǐng_____   5. xuǎnzé_____

2. xǔduō _____   4. huópō _____   6. xián _____

二、辨字组词

1. 政_____   3. 醒_____

　　正_____   　　酒_____

2. 泼_____   4. 许_____

　　发_____   　　计_____

三、选词填空

> 活泼　闲　愿意　愉快　醒

1. 祝你旅行_____!

2. 他的两个孩子都很健康，性格也很_____。

3. 如果你不_____跟我去超市，就在家看书吧。

4. 我昨晚没睡好，早上五点就_____了。

5. 我今天下午什么事儿也没做，_____得无聊。

四、选出下列词语在句子中的位置

1. A 我新买 B 了一 C 杯子，你看 D 好看吗？ （对）
2. A 我的桌子上有 B 书，C 可是我一本 D 都没有看完。 （许多）
3. A 周末 B 我喜欢 C 去郊区散步，因为那里 D 都是美景。 （到处）
4. A 吃好吃的 B 东西是我 C 生活中最大的 D。 （乐趣）
5. A 你 B 为什么 C 读医学专业 D？ （选择）

五、根据课文内容填空

以前，_____国家规定，_____夫妻一般只能生一个孩子。现在_____调整了，国家鼓励一个家庭生两个甚至三个孩子，于是许多家庭_____再生一个，也有的家庭觉得一个孩子就_____。就_____我们家_____吧，我们现在只有一个孩子。孩子很健康，也很_____。_____醒着，就不_____，到处乱爬。虽然孩子给了我很多_____，可是也让我觉得很辛苦。我觉得一个孩子就够了，不想再生了。

六、根据课文内容回答问题

1. 国家的政策有什么变化？ （对）
2. 为什么有的家庭不想再生孩子？ （够）
3. 艺文的孩子性格怎么样？ （只要……就……）
4. 艺文觉得养孩子难不难？
5. 艺文还想再生一个吗？为什么？

一、阅读理解

　　近日，某女明星在怀孕期间每天仍坚持长跑的新闻登上了热搜，使"孕妈妈到底适不适合跑步"的话题成为网友们讨论的焦点。那么，怀孕期间到底能不能跑步？孕妇该如何科学运动呢？

　　怀孕初期（1—12 周），胎儿处于胚胎状态，胎盘在子宫里尚未长牢，剧烈运动容易导致流产，因此怀孕初期应以静养为主，孕妇可适当做一些低强度的运动，如散步、瑜伽等，不适合快跑。怀孕中期（13—27 周），孕妇可以适当增加运动量。这一时期，孕妇运动会带动胎儿一起运动，有利于胎儿发育，孕妇可以选择慢跑。怀孕后期（28 周后），孕妇体重快速增加，这时孕妇行动不太方便，不适合做剧烈运动。

　　　　来源：科普中国《孕妇适当运动益处多　但在怀孕初期、后期需注意》

补充词汇

1. 明星	míngxīng	*n.*	star
2. 期间	qījiān	*n.*	period, duration
3. 热搜	rèsōu	*n.*	hot search
4. 话题	huàtí	*n.*	topic
5. 网友	wǎngyǒu	*n.*	net (or web) friend
6. 焦点	jiāodiǎn	*n.*	focus
7. 科学	kēxué	*adj.*	scientific
8. 处于	chǔyú	*v.*	to be (in a certain condition)
9. 胚胎	pēitāi	*n.*	embryo
10. 状态	zhuàngtài	*n.*	state
11. 胎盘	tāipán	*n.*	placenta
12. 子宫	zǐgōng	*n.*	uterus
13. 牢	láo	*adj.*	firm
14. 流产	liúchǎn	*v.*	to abort
15. 静养	jìngyǎng	*v.*	to rest quietly to recuperate

16. 强度	qiángdù	*n.*	intensity
17. 瑜伽	yújiā	*n.*	yoga
18. 带动	dàidòng	*v.*	to promote
19. 有利于	yǒulì yú		to be instrumental in
20. 体重	tǐzhòng	*n.*	weight
21. 行动	xíngdòng	*v.*	to walk about

回答问题

1. 怀孕期间可以运动吗？

2. 怀孕初期适合做哪些运动？

3. 怀孕后期为何不能做剧烈运动？

二、口头表达

任务名称：谈论一下"独生子女"和"非独生子女"的区别。

任务要求：1. 将学生分为"独生子女"组和"非独生子女"组。（1分钟）

2. 两组分别讨论"独生子女"和"非独生子女"的特点并记录下来，注意使用表示性格的词语。（3分钟）

3. 两组各选一名代表向全班学生展示本组的讨论结果。（3—5分钟）

4. 最后，老师请同学们一起总结一下"独生子女"和"非独生子女"的区别。（3分钟）

参考语言：活泼　乐趣　弟弟　妹妹　多么　愿意　美慕　只要……就……
拿……来说　有趣　幽默　诚实　无聊

三、书面表达

任务名称：介绍你的兄弟姐妹。

任务要求：请使用表示性格的词语介绍自己的兄弟姐妹，可以谈论他们的年龄、性格、兴趣、爱好等，要求150字以上。

参考语言：多么　选择　许多　到处　既然……就……　只要……就……

第十四课
Lesson 14
父母不允许我做整形手术

学习目标 Learning Objectives

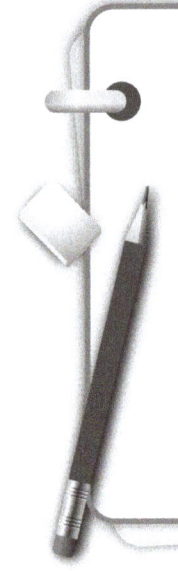

1. 语言功能：能描述自己办理某项手续的经过。

2. 语言点：固定结构"在……中"、副词"是否"、固定结构"在……下"、介词"通过"。

3. 医学知识：了解关于整形技术的基础知识。

4. 社会文化：了解办理来华签证及居留许可证延期手续的程序及要求。

热身活动 Warming-up

1. 关于整形技术，你了解哪些？

2. 办理来中国的签证容易吗？为什么？

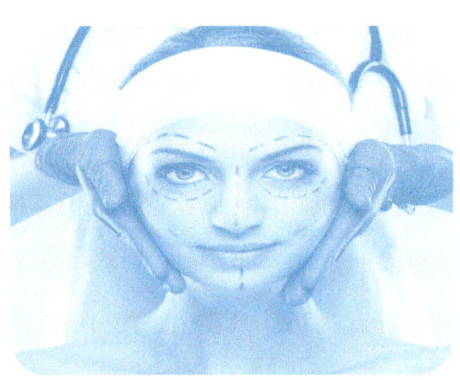

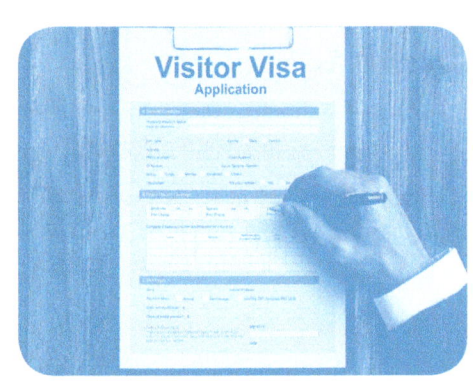

课文（一）
Text（Ⅰ）

Yīshēng zài zhěngxíng wàikē ménzhěn zuòzhěn.
（医生 在 整形 外科 门诊 坐诊。）

Xiǎo Liú: Wǒ kàndào nǐmen yīyuàn de lóngbí guǎnggào le, kàn qǐlai xiàoguǒ
小刘：我 看到 你们 医院 的 隆鼻 广告 了，看 起来 效果

tǐng hǎo de.
挺 好 的。

yīshēng: Nǐ xiǎng zuò ma?
医生：你 想 做 吗？

Xiǎo Liú: Duì, wǒde bízi tài ǎi le, wǒ juéde bù hǎokàn. Wǒ yìzhí xiǎng zuò,
小刘：对，我 的 鼻子 太 矮 了，我 觉得 不 好看。我 一直 想 做，

kěshì pà shǒushù shībài. Fùmǔ yě bù yǔnxǔ, tāmen juéde guǎnggào
可是 怕 手术 失败。父母 也 不 允许，他们 觉得 广告

dōu shì piàn rén de, suǒyǐ dōu fǎnduì wǒ zuò.
都 是 骗人 的，所以 都 反对 我 做。

yīshēng: Xiànzài zhěngxíng jìshù yǐjīng hěn chéngshú le, nǐ búyòng dānxīn.
医生：现在 整形 技术已经 很 成熟 了，你 不用 担心。

Xiǎo Liú: Nà jùtǐ zěnme zuò ne?
小刘：那具体 怎么 做 呢？

yīshēng: Zài shǒushù de guòchéng zhōng, wǒmen huì bǎ héshì de jiǎtǐ fàngdào
医生：在 手术 的 过程 中，我们 会把 合适的假体 放到

bízi li, ràng bízi biàn de yòu gāo yòu piàoliang.
鼻子里，让 鼻子 变 得 又 高 又 漂亮。

Xiǎo Liú: Nà tài hǎo le! Wǒ xūyào zuò shénme zhǔnbèi?
小刘：那太好了！我 需要 做 什么 准备？

yīshēng: Wǒ ràng hùshi gěi nǐ jùtǐ jièshào yíxià.
医生：我 让 护士给你具体介绍 一下。

生词 New words

1. 整形	zhěngxíng	*v.*	to reconstruct, to repair
2. 隆鼻	lóngbí	*v.*	to make a flat nose long and high by means of plastic surgery
3. 广告	guǎnggào	*n.*	advertisement
4. 效果	xiàoguǒ	*n.*	result, effect
5. 矮	ǎi	*adj.*	short, low
6. 失败	shībài	*v.*	to fail
7. 允许	yǔnxǔ	*v.*	to permit, to allow
8. 骗	piàn	*v.*	to cheat
9. 反对	fǎnduì	*v.*	to be opposed to
10. 成熟	chéngshú	*adj.*	ripe, mature
11. 具体	jùtǐ	*adj.*	concrete, specific
12. 假体	jiǎtǐ	*n.*	prosthesis

语言点 Language Points

固定结构"在……中"

固定结构"在……中"可以表示动作的过程或持续的状态，"在"可省略。例如：

1. 在手术的过程中，我们会把合适的假体放到鼻子里。

2. 在讨论过程中，我们又想出了一些好办法。

3. 在今晚的比赛中，中国队打得非常好。

4. 网球比赛正在进行中。

※ 练习：请用固定结构"在……中"完成对话

    1. A：考试结束了吗？

      B：_____。

    2. A：这些问题你们是怎么发现的？

      B：_____。

3．A：手术顺利吗？

B：_____。

4．A：手术后身体恢复了吗？

B：_____。

综合练习 Comprehensive Exercises

一、根据拼音写汉字

1. xiàoguǒ _____   3. jùtǐ _____   5. shībài _____

2. chéngshú _____   4. yǔnxǔ _____   6. piàn _____

二、辨字组词

1. 效_____   3. 反_____

   校_____   仅_____

2. 败_____   4. 具_____

   购_____   真_____

三、选词填空

> 反对　允许　失败　具体　效果

1. 图书馆里不_____大声（dà shēng，in a loud voice）说话。

2. 老师给我介绍了这次考试的_____方法。

3. 大家都同意这个计划，没有人_____。

4. 每位病人和家属都会担心手术_____。

5. 听说这种药_____不错，你可以向医生咨询一下。

四、选出下列词语在句子中的位置

1. 老板 A 今天 B 看 C 心情 D 很好。　　　　　　　　　　（起来）

2. A 大夫 B 病人 C 去 D 做 CT。　　　　　　　　　　　　（让）

3. A 学习汉语 B 的过程中 C，D 我遇到了很多困难。　　　（在）

4. 很多整形广告 A 都是 B 人的，其实 C 最后的效果 D 并没有那么好。

　　　　　　　　　　　　　　　　　　　　　　　　　　　（骗）

5. 你觉得 A 生孩子难还是 B 养孩子难？ C 请 D 说一下。　（具体）

五、根据课文内容填空

　　小刘看到医院的隆鼻广告，觉得看起来_____挺好的，她也想做。她觉得自己的鼻子太_____了，不_____。她一直想做，可是怕手术_____。父母也不_____，他们觉得广告都是_____的，所以都_____小刘做。医生告诉小刘，现在整形技术已经很_____了，让她不用_____。小刘想知道_____怎么做，医生介绍说，在_____的过程中，他们会把合适的_____放到鼻子里，让鼻子变得_____。

六、根据课文内容回答问题

1. 小刘为什么来医院？　　　　　　　　　　　（看起来）

2. 小刘以前为什么没做隆鼻手术？　　　　　　（失败、反对）

3. 医生说现在的整形技术怎么样？　　　　　　（成熟）

4. 隆鼻手术具体是怎么做的？　　　　　　　　（在……中、把）

5. 谁能告诉小刘具体要做哪些准备？

课文（二）
Text（II）

Jīn Lóng zài Chū-rùjìng Guǎnlǐ Jú bànlǐ jūliú xǔkězhèng yánqī.
（金龙 在 出入境 管理 局 办理 居留 许可证 延期。）

Jīn Lóng: Nín hǎo, zhè shì wǒ de hùzhào hé fùyìnjiàn, hái yǒu shēnqǐngbiǎo
金龙：您 好，这 是 我 的 护照 和复印件，还有 申请表

hé xuéxiào de zhèngmíng cáiliào.
和 学校 的 证明 材料。

jǐngchá: Hái xūyào yì zhāng zhàopiàn.
警察：还 需要 一 张 照片。

Jīn Lóng: Gěi nín.
金龙：给 您。

jǐngchá: Cáiliào méiyǒu wèntí. Zhè shì huízhídān, nǐ kànkan shàngmiàn de xìngmíng,
警察：材料 没有 问题。这 是 回执单，你 看看 上面 的 姓名、

guójí, niánlíng děng xìnxī shìfǒu yǒu wèntí.
国籍、年龄 等 信息 是否 有 问题。

Jīn Lóng: Méiyǒu wèntí.
金龙：没有 问题。

jǐngchá: Nà qǐng nǐ zài huízhídān shàng qiānzì ba.
警察：那 请 你 在 回执单 上 签字 吧。

Jīn Lóng: Hǎo de. Wǒ hái xūyào zuò shénme?
金龙：好 的。我 还 需要 做 什么？

jǐngchá: Zhíjiē qù jiāofèi ba. 15 gè gōngzuòrì yǐhòu, nǐ dàizhe huízhídān
警察：直接去 交费 吧。15个 工作日 以后，你 带着 回执单

dào zhèlǐ qǔ hùzhào.
到 这里 取 护照。

Jīn Lóng: Xièxie nín!
金龙：谢谢 您！

生词 New words

1. 办理	bànlǐ	*v.*	to handle
2. 居留许可证	jūliú xǔkězhèng		Residence Permit
3. 延期	yánqī	*v.*	to extend a time limit, to delay
4. 复印件	fùyìnjiàn	*n.*	copy
复印	fùyìn	*v.*	to copy
5. 申请表	shēnqǐngbiǎo	*n.*	application form
申请	shēnqǐng	*v.*	to apply for
表	biǎo	*n.*	form, chart
6. 证明	zhèngmíng	*v./n.*	to prove; certificate
7. 材料	cáiliào	*n.*	material
8. 警察	jǐngchá	*n.*	policeman
9. 回执单	huízhídān	*n.*	receipt
回执	huízhí	*n.*	receipt
10. 姓名	xìngmíng	*n.*	full name
11. 国籍	guójí	*n.*	nationality
12. 信息	xìnxī	*n.*	information
13. 是否	shìfǒu	*adv.*	whether
14. 签字	qiānzì	*v.*	to sign
15. 交费	jiāofèi	*v.*	to pay a fee
16. 工作日	gōngzuòrì	*n.*	working day, weekday

专名 Proper nouns

出入境管理局	Chū-rùjìng Guǎnlǐ Jú	Exit-Entry Administration Bureau

语言点 Language Points

副词"是否"

副词"是否","是不是"的意思，常用在书面语中，更多出现在正式场合。例如：

1. 你看看上面的姓名、国籍、年龄等信息是否有问题。

2. 周末您是否有时间？

3. 病人最关心的是手术是否成功。

※ 练习：组词成句

1. 办公室　是否　张医生　在

　　_____

2. 证明材料　准备好了　是否　您

　　_____

3. 怀孕了　检查以后　是否　医生　才知道　你

　　_____

4. 严重　情况　还不知道　是否　现在

　　_____

综合练习 Comprehensive Exercises

一、根据拼音写汉字

1. jǐngchá _____　　3. fùyìn _____　　5. xìnxī _____

2. shēnqǐng _____　　4. zhèngmíng _____　　6. shìfǒu _____

二、辨字组词

1. 申_____　　　　3. 籍_____

　　中_____　　　　策_____

2. 签_____　　　　4. 延_____

　　笔_____　　　　远_____

三、选词填空

> 护照　警察　申请　信息　材料

1. 我把会议_____都放到你包里了。

2. 报名参加篮球比赛的同学，请来这里填一下_____表。

3. 已经很晚了，我还没收到他到家的_____，非常着急。

4. 他今天不小心把_____和签证（qiānzhèng，visa）都弄丢了。

5. 我爸爸和妈妈都是_____。

四、选出下列词语在句子中的位置

1. 你 A 了解 B 病人 C 的具体 D 情况？ （是否）

2. 手术前 A 需要 B 病人 C 和家属的 D。 （签字）

3. A 好了，现在你先去 B，然后 C 再去 D 拿药。 （交费）

4. 请 A 帮我 B 一下 C 护照 D。 （复印）

5. 我 A 今年可能 B 毕不了业了 C，得办理 D 了。 （延期）

五、根据课文内容填空

金龙在出入境管理局办理居留许可证延期，他带了他的_____和复印件，还有申请表和学校的_____材料。警察告诉金龙，还需要一张_____。金龙给了警察照片，现在他的材料没有问题了。警察给了金龙回执单，让他看看上面的姓名、_____、年龄等信息_____有问题，没有问题的话金龙就可以在回执单上_____了。金龙签完了字，警察让他_____去交费。15个_____以后，他可以_____回执单到这里_____。

六、根据课文内容回答问题

1. 金龙带了哪些材料去办理居留许可证延期？

2. 警察让金龙在哪儿签字？

3. 签完字以后，金龙需要做什么？

4. 警察告诉金龙什么时候来取护照？

5. 金龙回来取护照时，需要带着什么？

课文（三）
Text（Ⅲ）

Jīn Lóng jièshào rúhé bànlǐ jūliú xǔkězhèng yánqī.
（金 龙 介绍 如何 办理 居留 许可证 延期。）

Duì wǒmen liúxuéshēng lái shuō, bànlǐ jūliú xǔkězhèng yánqī bú shì yí jiàn
对 我们 留学生 来 说，办理 居留许可证 延期 不是 一件

róngyì de shìr. Yīnwèi wǒmen yào zhǔnbèi hěn duō cáiliào, hái yào yòng Hànyǔ
容易的事儿。因为 我们 要 准备 很 多 材料，还要 用 汉语

gēn jǐngchá jiāoliú. Wǒ de jūliú xǔkězhèng kuài dàoqī le, wǒ bù zhīdào yīnggāi
跟 警察交流。我的居留 许可证 快 到期了，我不 知道 应该

zěnme bàn, yúshì qǐng fùzé qiānzhèng gōngzuò de lǎoshī bāngmáng. Zài lǎoshī
怎么 办，于是请 负责 签证 工作 的 老师 帮忙。 在老师

de bāngzhù xià, wǒ zhǔnbèi hǎole xūyào de cáiliào. Shàng zhōusān, wǒ dàizhe
的 帮助 下，我 准备 好了需要 的 材料。 上 周三， 我 带着

zhèxiē cáiliào dàole Chū-rùjìng Guǎnlǐ Jú. Yīnwèi wǒ zhǔnbèi de cáiliào dōu
这些 材料 到了 出入境 管理局。 因为 我 准备 的 材料 都

fúhé yāoqiú, yíqiè dōu bàn de hěn shùnlì. Tōngguò zhè jiàn shìr, wǒ duì xuéhǎo
符合要求，一切 都 办得 很 顺利。通过 这件事儿，我对学好

Zhōngwén gèng zìxìn le.
中文 更 自信了。

生词 New words

1. 如何	rúhé	*pron.*	how
2. 交流	jiāoliú	*v.*	to communicate
3. 到期	dàoqī	*v.*	to expire
4. 签证	qiānzhèng	*n.*	visa
5. 符合	fúhé	*v.*	to conform to, to accord with
6. 要求	yāoqiú	*n.*	requirement, request
7. 一切	yíqiè	*pron.*	everything, all
8. 通过	tōngguò	*prep.*	by means of, via
9. 自信	zìxìn	*adj./n.*	confident; confidence

专名 Proper nouns

中文	Zhōngwén	Chinese

语言点 Language Points

一、固定结构"在……下"

固定结构"在……下"表示让某件事情发生或者变化的条件或情况，其中间成分通常是有修饰语的双音节名词或动词。例如：

1. 在老师的帮助下，我准备好了需要的材料。

2. 在医生的照顾下，病人的身体情况越来越好。

3. 在一般情况下，贵的东西质量更好。

※ 练习：请用固定结构"在……下"和所给词语完成对话

1. A：从这儿能看到那边的山吗？

   B：_____。（天气好）

2. A：我喜欢一边听音乐一边做作业。

　　B：我不行，＿＿＿＿＿＿＿＿＿＿＿＿＿＿＿＿＿。（很安静）

3. A：马大为这次 HSK 四级考试考了 256 分！

　　B：是啊，＿＿＿＿＿＿＿＿＿＿＿＿＿＿＿＿＿。（他自己的努力）

4. A：从公司到你家要多长时间？

　　B：＿＿＿＿＿＿＿＿＿＿＿＿＿＿＿＿＿＿＿。（不堵车）

二、介词"通过"

　　介词"通过"表示凭借某人或某物而达到某种目的，后面可以带名词性成分和动词性成分。例如：

　　1. 通过这件事儿，我对学好中文更自信了。

　　2. 只有通过努力，才能成功。

　　3. 通过这次考试，我了解了自己的汉语水平。

※ 练习：请用介词"通过"完成对话

　　1. A：你们是怎么认识的？

　　　B：＿＿＿＿＿＿＿＿＿＿＿＿＿＿＿＿＿＿＿。

　　2. A：你为什么对中国文化这么感兴趣？

　　　B：＿＿＿＿＿＿＿＿＿＿＿＿＿＿＿＿＿＿＿。

　　3. A：你很喜欢看新闻？

　　　B：＿＿＿＿＿＿＿＿＿＿＿＿＿＿＿＿＿＿＿。

　　4. A：金龙，你的汉语怎么说得这么标准？

　　　B：＿＿＿＿＿＿＿＿＿＿＿＿＿＿＿＿＿＿＿。

综合练习 Comprehensive Exercises

一、根据拼音写汉字

1. yāoqiú _____
3. Zhōngwén _____
5. jiāoliú _____

2. tōngguò _____
4. zìxìn _____
6. qiānzhèng _____

二、辨字组词

1. 符_____
   等_____

2. 切_____
   功_____

3. 信_____
   住_____

4. 通_____
   过_____

三、选词填空

证明　到期　一切　符合　通过

1. 你写的作业不_____老师的要求。

2. 我的签证快_____了，我得去办理一下延期。

3. 我学习汉语的经验（jīngyàn，experience）_____，多听多说能帮助我们提高（tígāo，improve）汉语水平。

4. 来中国留学前，父母帮我准备好了_____。

5. _____大家的共同努力，我们公司发展得越来越好了。

四、选出下列词语在句子中的位置

1. 对大部分 A 外国人 B，汉字 C 非常难写 D。　　　　（来说）

2. A 我 B 学好汉语 C 非常 D 不自信。　　　　（对）

3. A 大夫 B 的努力下，C 他的身体很快就 D 恢复了健康。　　　（在）

4. A 学了 B 一年汉语，C 他仍然不能 D 中国人交流。　　　（跟）

5. A 一个月的努力 B，他终于 C 找到了适合 D 自己的工作。　　　（通过）

五、根据课文内容填空

对我们留学生_____，办理居留许可证延期不是一件_____的事儿。因为我们要准备很多材料，还要用_____跟警察_____。我的居留许可证快_____了，我不知道应该怎么办，于是请_____签证工作的老师帮忙。在老师的_____下，我准备好了需要的材料。上周三，我_____这些材料到了出入境管理局。因为我准备的材料都_____要求，一切都办得很_____。_____这件事儿，我对学好中文更_____了。

六、根据课文内容回答问题

1. 留学生办理居留许可证延期难不难？为什么？　　　（对……来说）

2. 谁帮助金龙准备了需要的材料？　　　（在……下）

3. 金龙什么时候去办理了居留许可证延期？　　　（上）

4. 金龙办理居留许可证延期顺利吗？为什么？　　　（符合）

5. 金龙觉得自己能学好中文吗？　　　（通过）

语言任务 Language Tasks

一、阅读理解

现在，越来越多的人通过做整形手术提高自尊心、社交自信和生活质量。不过，不是每个人都适合做整形手术。在做手术前，你需要认真地问自己几个问题。

1. 为什么要做整形手术？

大部分人是为了改善自我形象。自我形象强的人往往更自信，在工作和社交中也更自在。但如果想通过整形手术改头换面，改变自己的生活，那就不太现实了。

2. 做整形手术是为了取悦自己还是别人？

整形手术应该是为自己做的。如果目标是取悦别人，那你很有可能会失望。不要太在意别人的意见。

3. 如何适应身体形象的变化？

手术后，心理适应新的身体形象是需要一些时间的，所以我们不建议在短时间内做大量的面部手术，否则当看到镜子里的另一张脸时，无论你是困惑还是兴奋，都很难平静下来，有些人甚至会产生强烈的不真实感，导致焦虑。

来源：伞伞聊医美《不是每个人都适合做整形手术，如果你想做，要先问自己 10 个问题》

补充词汇

1. 自尊心	zìzūnxīn	*n.*	self-esteem
2. 社交	shèjiāo	*n.*	social contact
3. 改善	gǎishàn	*v.*	to better
4. 形象	xíngxiàng	*n.*	image, appearance
5. 自在	zìzai	*adj.*	unrestrained, comfortable
6. 改头换面	gǎitóu-huànmiàn		change one's looks and one's face
7. 现实	xiànshí	*adj.*	realistic
8. 取悦	qǔyuè	*v.*	to try to please
9. 目标	mùbiāo	*n.*	target, objective
10. 在意	zàiyì	*v.*	to care about
11. 意见	yìjiàn	*n.*	opinion, suggestion
12. 困惑	kùnhuò	*adj.*	puzzled, confused
13. 平静	píngjìng	*adj.*	calm
14. 真实	zhēnshí	*adj.*	real, ture
15. 焦虑	jiāolǜ	*adj.*	anxious

回答问题

1. 整形手术有什么作用?

2. 做整形手术应该是为了取悦谁?

3. 为什么医生不建议在短时间内多次做面部整形手术?

二、口头表达

任务名称:你赞成做整形手术吗?

任务要求:1.将全班学生分成两组,赞成做整形手术的学生为一组,反对做整形手术的学生为另一组。(1分钟)

        2.每组分别讨论做整形手术的好处和坏处。(3分钟)

        3.组织赞成组和反对组开展辩论。(3—5分钟)

参考语言:好看　成功　失败　广告　骗人　成熟　效果　自信　漂亮　健康
　　　　　让　在……中　不用　让

三、书面表达

任务名称:办理来华签证的手续有哪些?

任务要求:请具体介绍一下办理来华签证的手续和要求并写下来,要求150字以上。

参考语言:提前(tíqián, in advance)　准备　护照　身份证(shēnfènzhèng, identity card)　材料　证明　办理　符合　要求　通过

体检需要预约吗?

学习目标 Learning Objectives

1. 语言功能：能预约健康体检，能介绍自己具体的假期安排。

2. 语言点：名词"方面"、副词"专门"、介词"为"、
   介词"关于"、固定结构"不是……就是……"、副词
   "千万"、副词"肯定"。

3. 医学知识：了解常规体验项目及体检前的注意事项。

4. 社会文化：了解中国大学生的寒暑假安排。

热身活动 Warming-up

1. 你多长时间体检一次？体检有什么好处？

2. 你一般怎么安排假期？

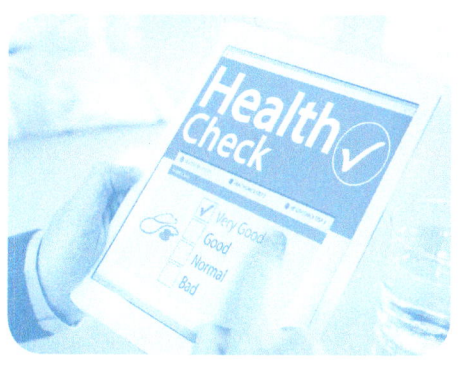

课文（一）
Text（1）

Liú Yīmíng gěi jiànkāng guǎnlǐ zhōngxīn fúwùtái dǎ diànhuà.
（刘一鸣 给 健康 管理 中心 服务台 打 电话。）

hùshi： Nín hǎo! Dōngshān Yīyuàn jiànkāng guǎnlǐ zhōngxīn.
护士： 您 好！ 东山 医院 健康 管理 中心。

Liú Yīmíng： Nín hǎo. Wǒ yào péi fùmǔ qù tǐjiǎn, xiǎng liǎojiě yìxiē xìnxī.
刘一鸣： 您 好。我 要 陪 父母 去 体检，想 了解 一些 信息。

hùshi： Nín xiǎng liǎojiě nǎ fāngmiàn de xìnxī?
护士： 您 想 了解 哪 方面 的 信息？

Liú Yīmíng： Chúle yìbān de tǐjiǎn xiàngmù, yǒu méiyǒu zhuānmén wèi lǎorén tígōng
刘一鸣： 除了 一般 的 体检 项目，有 没有 专门 为老人 提供

de xiàngmù?
的 项目？

hùshi： Dāngrán yǒu.
护士： 当然 有。

Liú Yīmíng： Tǐjiǎn qián xūyào zhùyì shénme?
刘一鸣： 体检 前 需要 注意 什么？

hùshi： Guānyú tǐjiǎn yào zhùyì de wèntí, nín kěyǐ qù wǒmen de wǎngzhàn
护士： 关于 体检 要注意 的问题，您可以去 我们 的 网站

shàng liǎojiě yíxià.
上 了解 一下。

Liú Yīmíng： Hǎo de. Tǐjiǎn xūyào yùyuē ma?
刘一鸣： 好 的。体检 需要 预约 吗？

hùshi： Zuìhǎo yùyuē, zhèyàng kěyǐ jiéshěng nín de shíjiān.
护士： 最好 预约，这样 可以 节省 您的 时间。

生词 New words

1. 管理　　　guǎnlǐ　　　　*v.*　　　to manage
2. 中心　　　zhōngxīn　　　*n.*　　　center
3. 服务台　　fúwùtái　　　　*n.*　　　reception desk
　　服务　　fúwù　　　　　*v.*　　　to give service to
4. 体检　　　tǐjiǎn　　　　　*v.*　　　to have a physical examination
5. 方面　　　fāngmiàn　　　*n.*　　　aspect
6. 项目　　　xiàngmù　　　　*n.*　　　item
7. 专门　　　zhuānmén　　　*adv.*　　specially
8. 为　　　　wèi　　　　　　*prep.*　　for
9. 老人　　　lǎorén　　　　　*n.*　　　the old
10. 提供　　　tígōng　　　　　*v.*　　　to provide
11. 关于　　　guānyú　　　　　*prep.*　　about, concerning
12. 网站　　　wǎngzhàn　　　*n.*　　　website
13. 预约　　　yùyuē　　　　　*v.*　　　to make an appointment
14. 节省　　　jiéshěng　　　　*v.*　　　to save

专名 Proper nouns

东山医院　　Dōngshān Yīyuàn　　　　Dongshan Hospital

语言点 Language Points

一、名词"方面"

名词"方面"表示相对的或者并列的人或事物中的一方或者一部分。例如：

1. 妹妹喜欢看医学方面的书。

2. 我觉得他性格方面有问题。

3. 您想了解哪方面的信息？

它经常用在"一方面……，（另）一方面……"这个结构中，说明同一事物的几个方面。例如：

4. 我租这个房子，一方面是因为离公司近，一方面是因为小区环境好。

5. 我来中国，一方面是为了学习中文，另一方面是想了解中国文化。

※ 练习：请用所给词语或结构完成对话

1. A：你对哪方面的新闻感兴趣？

   B：_____。（方面）

2. A：你喜欢看什么书？

   B：_____。（方面）

3. A：你为什么学习汉语？

   B：_____。

   〔一方面……，（另）一方面……〕

4. A：你想找什么样的工作？

   B：_____。

   〔一方面……，（另）一方面……〕

二、副词"专门"

副词"专门"表示特地做某事。例如：

1. 有没有专门为老人提供的项目？

2. 我是专门来看你的。

3. 妈妈专门给我做了我喜欢吃的菜。

※ 练习：组词成句

1. 哥哥　自行车　为了上班　专门　买了

   _____

2. 隆鼻手术　做了　专门　去年妹妹

   _____

3. 专门　陪爷爷　去体检　他

   _____

4. 打了电话　老师　已经　专门　给他

_____

三、介词"为"

介词"为"可以引出动作行为的对象、动作的受益者，以及动作行为的原因或目的。例如：

1. 体检中心一般都有专门为老人提供的项目。　　（动作行为的对象）
2. 餐厅专门为孩子准备了小椅子。　　　　　　　（动作的受益者）
3. 我专门为参加足球比赛买了新衣服。　　　　　（动作行为的目的）
4. 同学们都为马大为通过了 HSK 四级考试而高兴。（动作行为的原因）

※ 练习：组词成句

1. 高兴　成功　老师　手术　大家　为

_____

2. 好吃的饭菜　准备了　妈妈　女儿　为

_____

3. 这次考试　为　我　很长时间　准备了

_____

4. 学生们　学校　安排了　很多　课　为

_____

四、介词"关于"

介词"关于"用于引进相关的人或事物，其后可以是名词性成分、动词性成分或者小句。"关于"及其后的成分常居于句首，或位于句中做定语。例如：

1. 关于这本书，同学们有什么想法吗？
2. 关于这次比赛的重要性，我们都很清楚。
3. 关于找工作，同学们有很多问题要问。
4. 金龙读过很多关于少数民族节日文化的书。

1. 电影　我看了　一个　北京的　关于

   _____

2. 医学的书　老师　有很多　关于

   _____

3. 关于　你知道　哪些项目　体检

   _____

4. 知道　中国文化　关于　爷爷　很多

   _____

综合练习 Comprehensive Exercises

一、根据拼音写汉字

1. guǎnlǐ _____　　3. zhōngxīn _____　　5. guānyú _____

2. zhuānmén _____　4. fāngmiàn _____　　6. jiéshěng _____

二、辨字组词

1. 节_____　　　　　3. 专_____

   花_____　　　　　走_____

2. 关_____　　　　　4. 项_____

   天_____　　　　　须_____

三、选词填空

专门　除了　最好　关于　为

1. _____可以打电话，手机还可以购物、聊天儿、看电影。

2. 这些花儿是_____给你买的，是我送给你的礼物。

3. _____那个病人的情况，你可以去问问张大夫。

4. 你的肺已经有问题了，你_____别再抽烟了。

5. 学校_____孩子们提供了很好的学习环境。

四、选出下列词语在句子中的位置

1. 如果 A 觉得住在学校宿舍 B 不方便，你 C 在外边租房子 D。（可以）

2. 现在买东西 A，我 B 都用 C 手机 D 付款。　　　　　（一般）

3. 我的手机 A 找 B 不到了，请 C 帮我找 D。　　　　　（一下）

4. A 这个 B 问题，C 我们还有很多 D 没讨论清楚。　　（关于）

5. 父母 A 我 B 租了一套 C 离医院 D 很近的房子。　　（为）

五、根据课文内容填空

刘一鸣要陪_____去体检，想了解一些_____，所以他打电话给东山医院健康管理中心。刘一鸣想知道除了_____的体检项目，有没有_____为老人提供的项目，护士告诉他当然有。刘一鸣还想知道体检前需要_____什么，护士告诉他，_____体检要注意的问题，可以去医院_____上了解一下。护士还告诉刘一鸣，体检前最好预约一下，这样可以_____时间。

六、根据课文内容回答问题

1. 刘一鸣为什么给东山医院打电话?

2. 刘一鸣想了解什么信息?　　　　　　　　　　　　　（专门）

3. 东山医院是否专门为老人提供了体检项目?

4. 可以去哪里了解体检前需要注意的问题?　　　　　　（关于）

5. 体检需要预约吗? 为什么?　　　　　　　　　　　　（节省）

课文（二）
Text（Ⅱ）

Tóngxuémen zài liáotiānr.
（同学们　在 聊天儿。）

Mǎ Dàwéi: Mǎshàng yào fàng shǔjià le, nǐmen yǒu shénme ānpái?
马大为：马上　要 放 暑假了，你们 有 什么 安排?

Měilì: Wǒ hé Yuèliang dǎsuàn qù yí tàng Sān Xiá.
美丽：我 和 月亮 打算 去一趟 三 峡。

Mǎ Dàwéi: Nǐmen yào qù kàn Cháng Jiāng ma?
马大为：你们 要 去 看 长 江 吗?

Yuèliang: Duì. Wǒmen xiān zuò huǒchē dào Chóngqìng, ránhòu zuò chuán xīnshǎng
月亮：对。我们 先 坐 火车 到 重庆，然后 坐 船 欣赏

Cháng Jiāng de měijǐng.
长 江 的 美景。

Mǎ Dàwéi: Nǐmen mǎihǎo piào le ma?
马大为：你们 买好 票 了吗?

Yuèliang: Wǒmen tíqián yí gè yuè jiù mǎihǎo gāotiěpiào le. Dàwéi, nǐ dǎsuàn
月亮：我们 提前一个 月 就 买好 高铁票 了。大为，你 打算

qù nǎr?
去 哪儿?

Mǎ Dàwéi: Wǒ bú qù wàidì lǚyóu le.
马大为：我 不去 外地 旅游 了。

Měilì: Měi tiān zài fángjiān li bú shì kàn diànshì, jiù shì wánr shǒujī, duō
美丽：每 天 在 房间 里不 是 看 电视，就 是 玩儿手机，多

wúliáo!
无聊!

Mǎ Dàwéi: Wǒ bú huì měi tiān dōu zài fángjiān li de. Zàishuō, hěn duō diànshì jiémù
马大为：我 不会 每 天 都 在 房间 里的。再说，很 多 电视 节目

wǒ yě kàn bu dǒng. Wǒ gāng mǎile liàng diàndòngchē, dǎsuàn dàochù
我 也 看 不懂。 我 刚 买了辆 电动车，打算 到处

zhuànzhuan.
转转。

美丽：Měilì: Nǐ qiānwàn bié qí de tài kuài le, hěn wēixiǎn.
美丽：你 千万 别 骑 得 太 快 了，很 危险。

Mǎ Dàwéi: Fàngxīn ba, wǒ de jìshù hěn hǎo.
马大为：放心 吧，我的 技术 很 好。

生词 New words

1. 火车	huǒchē	*n.*	train
2. 船	chuán	*n.*	ship
3. 提前	tíqián	*v.*	to move up (a date), in advance
4. 高铁票	gāotiěpiào	*n.*	high speed rail ticket
高铁	gāotiě	*n.*	high speed rail
5. 外地	wàidì	*n.*	other places
6. 节目	jiémù	*n.*	program
7. 辆	liàng	*m.*	used for vehicles
8. 电动车	diàndòngchē	*n.*	electric bicycle
电动	diàndòng	*adj.*	electric
9. 转	zhuàn	*v.*	to stroll
10. 千万	qiānwàn	*adv.*	be sure to
11. 危险	wēixiǎn	*adj./n.*	dangerous; danger

专名 Proper nouns

1. 三峡	Sān Xiá	the Three Gorges of the Yangtze River
2. 长江	Cháng Jiāng	the Yangtze River
3. 重庆	Chóngqìng	Chongqing

语言点 Language Points

一、固定结构"不是……就是……"

固定结构"不是……就是……"连接前后两个分句,两个分句各表示一个选项,说话人只能从两个选项中选择一项。例如:

1. 每天在房间里不是看电视,就是玩儿手机,多无聊!

2. 王大夫工作很忙,不是在做手术,就是在查房。

3. 我早饭吃得很简单,不是面包就是牛奶。

※ 练习:请用固定结构"不是……就是……"和所给词语完成对话

1. A:周末你一般做什么?

   B:_____。(看书　上网)

2. A:弟弟呢?他去哪儿了?

   B:_____。(打篮球　踢足球)

3. A:那个留学生是哪国人?

   B:_____。(美国人　法国人)

4. A:你那儿最近天气好吗?

   B:_____。(下雨　刮风)

二、副词"千万"

副词"千万"常用在祈使句中,表示非常恳切的叮嘱。它既可以用在否定句中,又可以用在肯定句中,但更多用于否定句。用在否定句中,其后常是"不要、别、不能、不可";用在肯定句中,其后常是"要"。例如:

1. 你千万别骑得太快了,很危险。

2. 你千万不要再抽烟了。

3. 你千万要注意安全!

※ 练习：请用副词"千万"完成句子

1. 天气预报说明天有大雪，_____。

2. 这次考试非常重要，_____。

3. 你喝了这么多酒，_____。

4. 那家店的东西很贵，质量也不好，_____。

综合练习 Comprehensive Exercises

一、根据拼音写汉字

1. huǒchē _____   3. wàidì _____   5. wēixiǎn _____

2. tíqián _____   4. jiémù _____   6. qiānwàn _____

二、辨字组词

1. 险_____   3. 辆_____

　 捡_____   　 较_____

2. 船_____   4. 转_____

　 般_____   　 专_____

三、选词填空

提供　提前　节省　欣赏　管理

1. 我们学校给学生_____的宿舍不够，有些学生必须租房子住。

2. 我主要负责_____留学生宿舍。

3. HSK 考试要_____一个月报名。

4. 我喜欢坐火车去旅游，这样可以_____路上的美景。

5. 按照这个计划进行，我们差不多能_____两个星期的时间。

四、选出下列词语在句子中的位置

1. 太胖不适合 A 做剧烈 B 运动，平时你可以 C 去公园 D 一下。 （转）

2. 他们 A 每天不是在上课，B 在 C 写作业，D 非常忙。 （就是）

3. A 在路上骑车 B 的时候，C 要小心 D。 （千万）

4. A 我想 B 了解一下 C 体检要注意的 D 问题。 （提前）

5. 他的 A 情况很 B，得马上 C 做 D 手术。 （危险）

五、根据课文内容填空

马上要放暑假了，美丽和月亮打算去一趟_____，她们要去看长江。她们准备先坐_____到重庆，然后坐_____欣赏长江的美景。她们_____一个月就买好高铁票了。马大为暑假不打算去外地旅游了。美丽觉得每天在房间里不是_____，就是_____，多无聊！可是马大为说他不会每天都在房间里的。再说，很多电视_____他也看不懂。他刚买了辆电动车，打算到处_____。美丽让他_____别骑得太快，很_____。马大为让美丽放心，他的_____很好。

六、根据课文内容回答问题

1. 美丽和月亮暑假有什么打算？ （趟）

2. 美丽和月亮打算怎么去三峡？ （先……然后……）

3. 美丽和月亮什么时候买的高铁票？ （提前）

4. 马大为暑假打算去哪里旅游？

5. 马大为经常看电视吗？为什么？ （节目）

课文（三）
Text（III）

Měilì jièshào tóngxuémen de jiàqī ānpái.
（美丽 介绍 同学们 的 假期 安排。）

Mǎshàng yào fàng shǔjià le, dàjiā dōu zuòhǎole jiàqī ānpái. Wǒ hé Yuèliang
马上 要 放 暑假 了，大家 都 做好了 假期 安排。我 和 月亮

tèbié xǐhuan lǚyóu. Yīnwèi zài lǚyóu de guòchéng zhōng, wǒmen bùjǐn kěyǐ
特别 喜欢 旅游。因为 在 旅游 的 过程 中，我们 不仅 可以

xīnshǎng měijǐng, fàngsōng xīnqíng, érqiě kěyǐ liǎojiě wénhuà, zēngzhǎng zhīshi.
欣赏 美景、放松 心情，而且 可以 了解 文化、增长 知识。

Zhè gè jiàqī, wǒmen dǎsuàn chéngzuò lúnchuán qù kàn Cháng Jiāng Sān Xiá. Wǒ hěn
这 个 假期，我们 打算 乘坐 轮船 去看 长 江 三 峡。我 很

jīdòng, yīnwèi wǒ cónglái méi zuòguo chuán. Mǎ Dàwéi mǎile liàng diàndòngchē,
激动，因为 我 从来 没 坐过 船。马大为 买了 辆 电动车，

jiàqī tā dǎsuàn qízhe tā dàochù zhuànzhuan. Dàjiā dōu tíxǐng tā qiānwàn yào
假期 他 打算 骑着 它 到处 转转。大家 都 提醒 他 千万 要

zhùyì jiāotōng ānquán, sùdù bù néng tài kuài.
注意 交通 安全，速度 不 能 太 快。

Jīn Lóng jiàqī yào qù Xī'ān, yīnwèi tā duì Zhōngguó lìshǐ tèbié gǎn xìngqù.
金龙 假期 要 去 西安，因为 他 对 中国 历史 特别 感兴趣。

Zài Xī'ān, tā kěndìng huì yǒu hěn dà de shōuhuò.
在 西安，他 肯定 会 有 很 大 的 收获。

生词 New words

1. 假期	jiàqī	*n.*	holiday
2. 知识	zhīshi	*n.*	knowledge
3. 乘坐	chéngzuò	*v.*	to ride
4. 轮船	lúnchuán	*n.*	steamship
5. 激动	jīdòng	*adj.*	exciting
6. 提醒	tíxǐng	*v.*	to remind
7. 交通	jiāotōng	*n.*	traffic, transportation
8. 速度	sùdù	*n.*	speed
9. 历史	lìshǐ	*n.*	history
10. 肯定	kěndìng	*adv.*	certainly, undoubtedly

专名 Proper nouns

西安	Xī'ān	Xi'an

语言点 Language Points

副词"肯定"

副词"肯定"表示没有疑问、必定。例如：

1. 在西安，他肯定会有很大的收获。

2. 妈妈今天做的鱼肯定很好吃。

3. 他是医生，平时肯定很忙。

※ 练习：请用副词"肯定"完成对话

1. A：这家饭店的菜怎么样？

   B：人这么多，_____。

2. A：马大为今天没来上课。

   B：_____。

3. A：我最近每天在家玩儿手机、看电视。

   B：_____。

4. A：我们说好八点见面，现在都九点了，他怎么还没到？

   B：_____。

综合练习 Comprehensive Exercises

一、根据拼音写汉字

1. jiàqī _____

2. zhīshi _____

3. tíxǐng _____

4. lìshǐ _____

5. sùdù _____

6. jiāotōng _____

二、辨字组词

1. 速_____

  退_____

2. 交_____

  校_____

3. 醒_____

  醉_____

4. 历_____

  厉_____

三、选词填空

肯定　提醒　速度　激动　乘坐

1. 六十岁以上的老人可以免费（miǎnfèi, free）_____公共汽车。

2. 长时间心情不好_____影响身体健康。

3. 这趟高铁的_____差不多是每小时 300km。

4. 下周就可以回国看父母了，我特别_____。

5. 明天可能会下雨，妈妈_____我出门带上伞。

四、选出下列词语在句子中的位置

1. 去办理 A 签证前 B，你一定 C 要准备 D 需要的材料。 （好）

2. 你刚做完 A 心脏支架手术 B，C 不能剧烈运动 D。 （肯定）

3. 张大夫 A 专业水平高 B，而且 C 对病人特别 D 关心。 （不仅）

4. 哥哥身体 A 一直 B 很健康，C 没去过 D 医院。 （从来）

5. 弟弟房间很乱 A，B 都放满 C 了东西 D。 （到处）

五、根据课文内容填空

马上要放_____了，大家都做好了_____安排。我和月亮特别喜欢旅游。因为在旅游的_____中，我们不仅可以欣赏美景、放松心情，而且可以_____、增长知识。这个假期，我们打算乘坐_____去看长江三峡。我很_____，因为我从来没坐过船。

马大为买了_____电动车，假期他打算骑着它_____。大家都提醒他_____要注意安全，_____不能太快。

金龙假期要去西安，因为他对_____特别感兴趣。在西安，他肯定会有很大的_____。

六、根据课文内容回答问题

1. 美丽为什么喜欢旅游？ （不仅……而且……）

2. 这个暑假美丽有什么计划？

3. 马大为假期有什么打算？ （转转）

4. 大家担心马大为什么？ （交通）

5. 金龙暑假有什么安排？为什么这么安排？ （肯定）

一、阅读理解

现代人越来越关注身体健康，体检也成了生活中必不可少的一件事儿。在体检前，受检者常被告知至少要禁食 8 小时，禁水 6 小时，但这并不意味着不能喝一口水。禁水的含义可以理解为不能"大量"喝水，一般以不超过 200ml 为宜。少量的水还是可以喝的，但只限于白开水，饮料、茶水、咖啡应排除在外，避免影响检查结果。

除了体检当天不吃早餐、不喝水以外，体检中心还建议受检者前一天晚餐后就不要进食了；体检前三天内，尽可能吃清淡的食物，避免吃高脂肪的食物。体检空腹采血的最佳时间是在早上 6：30—9：30，最迟不要超过 10：00。如果空腹超过 12 个小时，受体内生理性内分泌激素的影响，血糖等指标可能发生变化，影响体检的结果。

来源：科普中国《体检要空腹，你知道为什么吗？》

补充词汇

1. 关注	guānzhù	*v.*	to pay close attention to
2. 受检者	shòujiǎnzhě	*n.*	examinee
3. 告知	gàozhī	*v.*	to inform
4. 至少	zhìshǎo	*adv.*	at least
5. 禁	jìn	*v.*	to forbid
6. 意味着	yìwèizhe	*v.*	to mean, to imply
7. 含义	hányì	*n.*	meaning, implication
8. 超过	chāoguò	*v.*	to exceed
9. 宜	yí	*n.*	suitability
10. 限于	xiànyú	*v.*	to be limited to
11. 排除	páichú	*v.*	to exclude
12. 进食	jìnshí	*v.*	to take food
13. 清淡	qīngdàn	*adj.*	light, bland

14. 脂肪	zhīfáng	*n.*	fat
15. 空腹	kōngfù	*v.*	to be on an empty stomach
16. 采血	cǎixiě	*v.*	to collect blood
17. 生理性	shēnglǐxìng	*n.*	physiology
18. 内分泌	nèifēnmì	*n.*	internal secretion
19. 激素	jīsù	*n.*	hormone
20. 血糖	xuètáng	*n.*	blood sugar
21. 指标	zhǐbiāo	*n.*	index, target

回答问题

1. 体检前一般要禁食、禁水多长时间？

2. 体检前喝水要注意什么？

3. 为什么空腹时间长会影响体检结果？

二、口头表达

任务名称：制订假期旅行计划。

任务要求：1. 三个学生一组，分组商定假期要旅游的地点。（2分钟）

2. 讨论制订一个详细的行程表，包括去哪儿旅行、为什么去、去几天、每天有什么行程、乘坐什么交通工具等。（3分钟）

3. 每组选一名代表向全班学生介绍本组的假期旅行计划。（3—5分钟）

参考语言：安排　提前　外地　激动　兴奋　乘坐　提高　增加　为了　关于　不是……就是……　　尤其

三、书面表达

任务名称：体检的好处。

任务要求：很多医生建议人们定期体检，请你介绍一下体检的好处并写下来，要求150字以上。

参考语言：重视　健康　提前　疾病　及时　发现　检查　否则　即使……也……　对……来说

词汇总表

			A		
阿姨	āyí	*n.*	aunt	3
矮	ǎi	*adj.*	short, low	14
爱好	àihào	*n.*	hobby	2
安静	ānjìng	*adj.*	quiet	2
安排	ānpái	*v./n.*	to arrange, to plan; arrangement	6
安全	ānquán	*adj./n.*	safe; safety	8
按照	ànzhào	*prep.*	according to	4
			B		
白	bái	*adj.*	white	1
白色	báisè	*n.*	white	4
白云	bái yún		white cloud	11
百分之	bǎi fēn zhī		percent	13
百分之百	bǎi fēn zhī bǎi		one hundred percent, totally	13
办法	bànfǎ	*n.*	way, method	12
办理	bànlǐ	*v.*	to handle	14
半价	bànjià	*n.*	half price	9
宝宝	bǎobao	*n.*	baby	1
保证	bǎozhèng	*v.*	to ensure, to guarantee	13
报	bào	*v.*	to enroll	6
抱	bào	*v.*	to embrace	3
北方	běifāng	*n.*	the northern part of the country	4
倍	bèi	*m.*	times	6
被	bèi	*prep.*	used to form a passive sentence	10

本来	běnlái	*adv.*	originally	8
比如	bǐrú	*v.*	for example, such as	12
必须	bìxū	*adv.*	must, have to	4
毕业	bìyè	*v.*	to graduate	7
变成	biànchéng	*VC*	to become	4
表	biǎo	*n.*	form, chart	14
冰箱	bīngxiāng	*n.*	refrigerator	5
并	bìng	*adv.*	(not) at all	9
并且	bìngqiě	*conj.*	in addition	2
病房	bìngfáng	*n.*	ward (of a hospital)	1
不够	búgòu	*adv./v.*	not enough; to do not reach	7
不是…… 而是……	bú shì…ér shì…		not…but…	7
不敢	bùgǎn	*v.*	to dare not	4
不管	bùguǎn	*conj.*	despite	10
不仅	bùjǐn	*conj.*	not only	11
不良	bùliáng	*adj.*	unhealthy, harmful, poor	7
部分	bùfen	*n.*	part	4
C				
材料	cáiliào	*n.*	material	14
参观	cānguān	*v.*	to visit	5
餐厅	cāntīng	*n.*	dining room	5
草	cǎo	*n.*	grass	11
草地	cǎodì	*n.*	grassland	11
厕所	cèsuǒ	*n.*	toilet	12
层	céng	*m.*	used for floor	9
查	chá	*v.*	to check	7
差不多	chàbuduō	*adv.*	almost, nearly	9
拆线	chāi xiàn	*VO*	to walk, to go on	2
场	cháng	*m.*	for the duration of sth.	4
肠	cháng	*n.*	intestine	12
肠胃炎	chángwèiyán	*n.*	gastroenteritis	12

超市	chāoshì	*n.*	supermarket	10
成功	chénggōng	*adj./v.*	successful; to success	8
成绩	chéngjì	*n.*	achievement	7
成熟	chéngshú	*adj.*	ripe, mature	14
诚实	chéngshí	*adj.*	honest	1
城市	chéngshì	*n.*	city	4
乘坐	chéngzuò	*v.*	to ride	15
迟到	chídào	*v.*	to be late	8
出差	chūchāi	*v.*	to be on a business trip	2
出汗	chūhàn	*v.*	to perspire	11
出门	chūmén	*v.*	to go out	4
出去	chūqu	*v.*	to go out	11
出生	chūshēng	*v.*	to be born	3
厨房	chúfáng	*n.*	kitchen	5
船	chuán	*n.*	ship	15
从来	cónglái	*adv.*	always, at all times	5
错	cuò	*adj.*	wrong	7
CT	CT	*n.*	Computed tomography	11
D				
打球	dǎ qiú	*VO*	to play a ball game	2
打折	dǎzhé	*v.*	to be on sale	9
大便	dàbiàn	*n.*	stool, shit	12
单间	dānjiān	*n.*	single room	5
但	dàn	*conj.*	but	4
到处	dàochù	*adv.*	everywhere	13
到底	dàodǐ	*adv.*	on earth	11
到期	dàoqī	*v.*	to expire	14
倒	dào	*adv.*	but, instead	10
倒是	dàoshì	*adv.*	indicating consession	10
得意	déyì	*adj.*	proud of oneself	11
等	děng	*part.*	and so on	3
地铁	dìtiě	*n.*	metro, subway	8

地图	dìtú	*n.*	map	5
弟弟	dìdi	*n.*	younger brother	13
电动	diàndòng	*adj.*	electric	15
电动车	diàndòngchē	*n.*	electric bicycle	15
电梯	diàntī	*n.*	elevator	9
丢	diū	*v.*	to lose	10
堵车	dǔchē	*v.*	to have a traffic jam	9
短	duǎn	*adj.*	short	1
对	duì	*m.*	couple of, pair of	13
对……感兴趣	duì…gǎn xìngqù		to be interested in sth.	2
对面	duìmiàn	*n.*	opposite	5
多么	duōme	*adv.*	how, so	13
E				
而	ér	*conj.*	while	12
耳朵	ěrduo	*n.*	ear	1
F				
发烧	fāshāo	*v.*	to have a fever	10
发现	fāxiàn	*v.*	to find	9
烦恼	fánnǎo	*adj.*	worried	9
反对	fǎnduì	*v.*	to be opposed to	14
方面	fāngmiàn	*n.*	aspect	15
房东	fángdōng	*n.*	landlord	9
房租	fángzū	*n.*	rent (for a house)	9
飞机票	fēijīpiào	*n.*	plane ticket	6
肺	fèi	*n.*	lung	11
分	fēn	*m.*	mark, point	7
否则	fǒuzé	*conj.*	otherwise	7
夫妻	fūqī	*n.*	man and wife	13
服务	fúwù	*v.*	to give service to	15
服务台	fúwùtái	*n.*	reception desk	15
符合	fúhé	*v.*	to conform to, to accord with	14

辅助	fǔzhù	v.	to assist	13
父亲	fùqin	n.	father	5
付款	fùkuǎn	v.	to pay	10
负责	fùzé	adj./v.	responsible; to be responsible for	11
复印	fùyìn	v.	to copy	14
复印件	fùyìnjiàn	n.	copy	14
复杂	fùzá	adj.	complicated	13
腹泻	fùxiè	v.	to have a diarrhea	12
		G		
改变	gǎibiàn	v./n.	to change; change	6
干	gān	adj.	dry	4
敢	gǎn	v.	to dare	4
感情	gǎnqíng	n.	emotion	8
感兴趣	gǎn xìngqù	VO	to be interested in	2
钢琴	gāngqín	n.	piano	2
高铁	gāotiě	n.	high speed rail	15
高铁票	gāotiěpiào	n.	high speed rail ticket	15
各	gè	pron.	each	6
根据	gēnjù	prep.	according to	3
跟	gēn	v.	to catch up	8
工资	gōngzī	n.	salary	9
工作日	gōngzuòrì	n.	working day, weekday	14
公园	gōngyuán	n.	park	11
共同	gòngtóng	adj.	together	8
购物	gòuwù	v.	to shop	10
够	gòu	n.	enough; to reach	7
估计	gūjì	v.	to estimate	10
骨科	gǔkē	n.	orthopaedics	2
鼓励	gǔlì	v./n.	to encourage; encouragement	7
顾客	gùkè	n.	customer	10
刮风	guā fēng	VO	to blow the wind	4
挂	guà	v.	to hang	5

关机	guānjī	v.	to power off	10
关键	guānjiàn	adj./n.	vital, important; key, crux	12
关心	guānxīn	v.	to concern	2
关于	guānyú	prep.	about, concerning	15
管理	guǎnlǐ	v.	to manage	15
光	guāng	adv.	only, merely	12
广告	guǎnggào	n.	advertisement	14
逛	guàng	v.	to stroll	9
逛街	guàng jiē	VO	to go to shopping	9
规定	guīdìng	n.	regulation	8
国籍	guójí	n.	nationality	14
国家	guójiā	n.	country	4
过程	guòchéng	n.	process	13
过敏	guòmǐn	v./adj.	to be allergic to; allergic	4
H				
海	hǎi	n.	sea	6
汗	hàn	n.	perspiration	11
好玩儿	hǎowánr	adj.	funny, interesting	3
好像	hǎoxiàng	adv.	it seems that	10
合适	héshì	adj.	appropriate	3
河	hé	n.	river	11
红包	hóngbāo	n.	red packet	3
后悔	hòuhuǐ	v.	to regret	7
后来	hòulái	n.	then, afterwards	12
厚	hòu	adj.	thick	4
呼吸	hūxī	v.	to breathe	11
呼吸内科	hūxī nèikē		respiratory department	11
花	huā	v.	to spend	6
花费	huāfei	n.	expense	9
花儿	huār	n.	flower	3
化验	huàyàn	v.	to do laboratory test	7
画	huà	v.	to paint, to draw	2

画画儿	huà huàr	VO	to draw pictures	2
画儿	huàr	n.	painting, pictures	2
怀	huái	v.	to get pregnant	13
怀孕	huáiyùn	v.	to get pregnant	13
环境	huánjìng	n.	environment	11
回家	huí jiā	VO	to go home	2
回去	huíqu	v.	to return, to go back	8
回执	huízhí	n.	receipt	14
回执单	huízhídān	n.	receipt	14
活泼	huópō	adj.	vivacious, lively	13
火车	huǒchē	n.	train	15
或者	huòzhě	conj.	Or	6
J				
几乎	jīhū	adv.	nearly, almost	11
机票	jīpiào	n.	air ticket	6
基础	jīchǔ	n.	basis	7
激动	jīdòng	adj.	exciting	15
及时	jíshí	adv./adj.	promptly; in time	8
级	jí	n.	level, rank	7
即使	jíshǐ	conj.	even if	8
计划	jìhuà	v./n.	to plan to; plan	6
技术	jìshù	n.	technology	13
既然	jìrán	conj.	since	13
加班	jiābān	v.	to work overtime	2
家电	jiādiàn	n.	home appliance	9
家具	jiājù	n.	furniture	9
假体	jiǎtǐ	n.	prosthesis	14
价格	jiàgé	n.	price	6
假期	jiàqī	n.	holiday	15
坚持	jiānchí	v.	to persist in	8
间	jiān	m.	used for rooms	5
捡	jiǎn	v.	to pick up	10

减肥	jiǎnféi	v.	to lose weight	1
减轻	jiǎnqīng	v.	to relieve	10
见面	jiànmiàn	v.	to meet	1
建议	jiànyì	v./n.	to suggest; suggestion	1
健康	jiànkāng	adj./n.	healthy; health	1
将来	jiānglái	n.	future	2
奖金	jiǎngjīn	n.	bonus	9
降温	jiàngwēn	v.	to lower the temperature	11
交费	jiāofèi	v.	to pay a fee	14
交流	jiāoliú	v.	to communicate	14
交谈	jiāotán	v.	to talk with each other	8
交通	jiāotōng	n.	traffic, transportation	15
郊区	jiāoqū	n.	outskirts, suburbs	11
街	jiē	n.	street	9
节目	jiémù	n.	program	15
节省	jiéshěng	v.	to save	15
解决	jiějué	v.	to solve	9
介绍	jièshào	v.	to introduce	1
紧	jǐn	adj.	tight, in short supply	9
紧张	jǐnzhāng	adj.	intense	8
进行	jìnxíng	v.	to proceed	11
警察	jǐngchá	n.	policeman	14
竟然	jìngrán	adv.	unexpectedly	12
镜子	jìngzi	n.	mirror	12
究竟	jiūjìng	adv.	on earth	13
酒	jiǔ	n.	alcohol	6
就是	jiùshì	conj.	but	1
就要	jiùyào	adv.	be about to	1
就诊	jiùzhěn	v.	to see a doctor	10
居留许可证	jūliú xǔkězhèng		Residence Permit	14
举	jǔ	v.	to raise, to hold up	1

具体	jùtǐ	*adj.*	concrete, specific	14
距离	jùlí	*v./n.*	to distance; distance	8
决定	juédìng	*v./n.*	to decide; decision	9

K

开药	kāi yào	*VO*	to prescribe drugs	4
看	kàn	*v.*	to visit, to call on leg	2
看来	kànlái	*v.*	it seems	6
考虑	kǎolǜ	*v.*	to consider	13
······科	··· kē	*n.*	department of	4
咳	ké	*v.*	to cough	10
咳嗽	késou	*v.*	to cough	10
可爱	kě'ài	*adj.*	cute	1
可怜	kělián	*adj.*	pitiful	12
可惜	kěxī	*adj.*	regretful	11
可以	kěyǐ	*adj.*	not bad	7
渴	kě	*adj.*	thirsty	5
客厅	kètīng	*n.*	living room	5
肯定	kěndìng	*adv.*	certainly, undoubtedly	15
空气	kōngqì	*n.*	air	11
空调	kōngtiáo	*n.*	air conditionor	5
口	kǒu	*n.*	a bite of, mouth	12
哭	kū	*v.*	to cry	3
苦	kǔ		adj.bitter	10
裤子	kùzi	*n.*	trouser, pant	9
快乐	kuàilè	*adj.*	happy	3
困难	kùnnan	*adj.*	difficult, hard	11

L

拉肚子	lā dùzi	*VO*	to have loose bowels	12
蓝天	lán tiān		blue sky	11
浪费	làngfèi	*v.*	to waste	9
老板	lǎobǎn	*n.*	boss	10
老人	lǎorén	*n.*	the old	15

乐趣	lèqù	*n.*	joy	13
离开	líkāi	*v.*	to leave	8
礼貌	lǐmào	*n./adj.*	politeness; polite	3
礼物	lǐwù	*n.*	gift	3
理解	lǐjiě	*v.*	to understand	8
力气	lìqi	*n.*	strength	12
历史	lìshǐ	*n.*	history	15
厉害	lìhai	*adj.*	severe	5
连……也 / 都……	lián…yě/dōu…		even	7
凉快	liángkuai	*adj.*	nice and cool	11
辆	liàng	*m.*	used for vehicles	15
了解	liǎojiě	*v.*	to understand	6
邻居	línjū	*n.*	neighbor	13
零钱	língqián	*n.*	small change	10
流利	liúlì	*adj.*	fluent	7
隆鼻	lóngbí	*v.*	to make a flat nose long and high by means of plastic surgery	14
旅行	lǚxíng	*v.*	to travel	6
旅行社	lǚxíngshè	*n.*	tourist agency	6
旅行团	lǚxíngtuán	*n.*	tourist group	6
旅游	lǚyóu	*v.*	to travel	6
律师	lùshī	*n.*	lawyer	1
轮船	lúnchuán	*n.*	steamship	15
		M		
满	mǎn	*adj.*	full	5
满意	mǎnyì	*v.*	to be satisfied	9
美景	měijǐng	*n.*	beautiful scenery	11
美丽	měilì		adj.beautiful	11
妹妹	mèimei	*n.*	younger sister	13
门诊	ménzhěn	*v.*	to offer outpatient service	4
梦	mèng	*n.*	dream	13

密码	mìmǎ	n.	password	10
民族	mínzú	n.	nation	6
母亲	mǔqin	n.	mother	5
母亲河	mǔqīnhé	n.	mother river	11

N

哪里	nǎlǐ	*pron.*	where	6
那么	nàme	*adj.*	so	5
奶奶	nǎinai	n.	grandmother	1
男朋友	nánpéngyou	n.	boyfriend	1
南方	nánfāng	n.	the southern part of the country	4
难过	nánguò	*adj.*	sad	7
难受	nánshòu	*adj.*	uncomfortable	11
内科	nèikē	n.	internal medicine	11
年龄	niánlíng	n.	age	7
牛奶	niúnǎi	n.	milk	3
弄	nòng	v.	to do, to make	10
努力	nǔlì	*adj.*	Hard	7
女孩儿	nǔháir	n.	girl	1
女性	nǔxìng	n.	female	7

P

盘	pán	m.	a dish of	12
胖	pàng	*adj.*	fat, plump	1
陪	péi	v.	to accompany sb.	5
朋友圈	péngyouquān	n.	WeChat moments	10
皮肤	pífū	n.	skin, derma	4
皮肤科	pífūkē	n.	department of dermatology	4
啤酒	píjiǔ	n.	beer	12
骗	piàn	v.	to cheat	14
票	piào	n.	ticket	6
贫血	pínxuè	v.	to have an anemia	7
乒乓球	pīngpāngqiú	n.	table tennis	2

平方	píngfāng	*m.*	square metre	5
平方米	píngfāngmǐ	*m.*	square metre	5
平时	píngshí	*pron.*	at ordinary times	5
剖宫产	pōugōngchǎn	*v.*	to have a cesarean section	1
普通话	pǔtōnghuà	*n.*	mandarin	7

Q

妻子	qīzi	*n.*	wife	1
其实	qíshí	*adv.*	actually	3
其他	qítā	*pron.*	other	4
奇怪	qíguài	*adj.*	strange, weird	12
气管	qìguǎn	*n.*	weasand	10
气候	qìhòu	*n.*	climate	4
气温	qìwēn	*n.*	air temperature	11
千克	qiānkè	*m.*	kilogram	1
千万	qiānwàn	*adv.*	be sure to	15
铅笔	qiānbǐ	*n.*	pencil	7
签证	qiānzhèng	*n.*	visa	14
签字	qiānzì	*v.*	to sign	14
前后	qiánhòu	*n.*	around, about	6
钱包	qiánbāo	*n.*	wallet	9
墙	qiáng	*n.*	wall	5
桥	qiáo	*n.*	bridge	11
巧克力	qiǎokèlì	*n.*	chocolate	3
亲戚	qīnqi	*n.*	relative	3
却	què	*adv.*	but	5

R

热情	rèqíng	*adj.*	enthusiastic	5
人们	rénmen	*n.*	people	13
认真	rènzhēn	*adj.*	earnest, serious	8
仍然	réngrán	*adv.*	still	11
容易	róngyì	*adj.*	easy	5

肉	ròu	*n.*	meat	1
如何	rúhé	*pron.*	how	14
		S		
散步	sànbù	*v.*	to take a walk	6
商场	shāngchǎng	*n.*	shopping mall	3
商量	shāngliang	*v.*	to discuss	3
上网	shàngwǎng	*v.*	to surf the internet	2
烧	shāo	*v.*	to run a fever	10
少数	shǎoshù	*n.*	minority	6
少数民族	shǎoshù mínzú		ethnic minority	6
申请	shēnqǐng	*v.*	to apply for	14
申请表	shēnqǐngbiǎo	*n.*	application form	14
身体	shēntǐ	*n.*	body, health	2
深	shēn	*adj.*	deep	8
甚至	shènzhì	*conj.*	even	10
生	shēng	*v.*	to give birth to	1
生产	shēngchǎn	*v.*	to give birth to a child	1
生活	shēnghuó	*n./v.*	life; to live	2
生殖	shēngzhí	*v.*	to reproduce	13
省	shěng	*n.*	province	6
失败	shībài	*v.*	to fail	14
失望	shīwàng	*adj.*	disappointed	13
十分	shífēn	*adv.*	very, quitely	8
实在	shízài	*adv.*	really	9
使用	shǐyòng	*v.*	to use	4
世界	shìjiè	*n.*	world	4
试	shì	*v.*	to try	10
是否	shìfǒu	*adv.*	whether	14
适合	shìhé	*v.*	to suit	6
适应	shìyìng	*v.*	to adapt	4
室	shì	*n.*	room	9

收	shōu	v.	to accept	3
收获	shōuhuò	n./v.	harvest, gain; to gain	11
收入	shōurù	n.	income	3
手	shǒu	n.	hand	1
书房	shūfáng	n.	study room	5
叔叔	shūshu	n.	uncle	3
蔬菜	shūcài	n.	vegetable	6
说明书	shuōmíngshū	n.	instruction book	4
死	sǐ	adj.	extreme, to the death	7
速度	sùdù	n.	speed	15
随着	suízhe	prep.	along with	7
孙女	sūnnü	n.	granddaughter	1
孙子	sūnzi	n.	grandson	1
T				
太阳	tàiyáng	n.	sun	4
谈	tán	v.	to talk	12
弹	tán	v.	to play	2
弹钢琴	tán gāngqín	VO	to play piano	2
趟	tàng	m.	one round trip	6
讨论	tǎolùn	v.	to discuss	1
套	tào	m.	used for apartment	9
提	tí	v.	to lift	6
提供	tígōng	v.	to provide	15
提前	tíqián	v.	to move up (a date), in advance	15
提醒	tíxǐng	v.	to remind	15
题	tí	n.	question	7
体检	tǐjiǎn	v.	to have a physical examination	15
条件	tiáojiàn	n.	condition	8
跳	tiào	v.	to jump	2
跳舞	tiàowǔ	v.	to dance	2
厅	tīng	n.	room, hall	9

通过	tōngguò	*v.*	to pass	7
通过	tōngguò	*prep.*	by means of, via	14
同事	tóngshì	*n.*	colleague	12
同屋	tóngwū	*n.*	roommate	6
同意	tóngyì	*v.*	to agree	8
偷	tōu	*v.*	to steal	10
头发	tóufa	*n.*	hair	1
头疼	tóuténg	*adj.*	headache	5
吐	tù	*v.*	to vomit	12
团	tuán	*n.*	group	6
腿	tuǐ	*n.*	to take out stitches	2
脱	tuō	*v.*	to take off	4

W

外地	wàidì	*n.*	other places	15
完全	wánquán	*adv.*	entirely, completely	8
玩具	wánjù	*n.*	toy	3
网球	wǎngqiú	*n.*	tennis	2
网站	wǎngzhàn	*n.*	website	15
危险	wēixiǎn	*adj./n.*	dangerous; danger	15
为	wèi	*prep.*	for	15
为了	wèile	*prep.*	for	8
胃	wèi	*n.*	stomach	12
文化	wénhuà	*n.*	culture	6
卧室	wòshì	*n.*	bedroom	5
污染	wūrǎn	*v.*	to pollute	11
无聊	wúliáo	*adj.*	bored	2

X

西瓜	xīguā	*n.*	watermelon	12
习惯	xíguàn	*n./v.*	habit; to be used to	6
洗手间	xǐshǒujiān	*n.*	bathroom	5
下	xià	*n.*	next, latter	4

下班	xiàbān	*v.*	to get off work	2
闲	xián	*adj.*	unoccupied, not busy	13
咸	xián	*adj.*	salty	6
现金	xiànjīn	*n.*	cash	10
羡慕	xiànmù	*v.*	to envy, to admire	12
相反	xiāngfǎn	*adj.*	on the contrary	5
香蕉	xiāngjiāo	*n.*	banana	10
想法	xiǎngfǎ	*n.*	idea	13
向	xiàng	*prep.*	to	8
项目	xiàngmù	*n.*	item	15
像	xiàng	*v.*	to look like	1
橡皮	xiàngpí	*n.*	eraser	7
消息	xiāoxi	*n.*	news, message	3
小姐	xiǎojiě	*n.*	Miss	6
小时候	xiǎoshíhou	*n.*	at your mother's knee	8
小雪	xiǎoxuě	*n.*	small snow	4
笑	xiào	*v.*	to laugh	3
效果	xiàoguǒ	*n.*	result, effect	14
心情	xīnqíng	*n.*	mood	3
辛苦	xīnkǔ	*adj.*	work hard	2
欣赏	xīnshǎng	*v.*	to enjoy, to appreciate	11
新闻	xīnwén	*n.*	news	2
新鲜	xīnxiān	*adj.*	fresh	6
信息	xìnxī	*n.*	information	14
信心	xìnxīn	*n.*	confidence	13
信用卡	xìnyòngkǎ	*n.*	credit card	10
兴奋	xīngfèn	*adj.*	excited	1
醒	xǐng	*v.*	to be awake	13
性格	xìnggé	*n.*	personality	1
姓名	xìngmíng	*n.*	full name	14
许多	xǔduō	*num.*	lots of	13

选择	xuǎnzé	v./n.	to choose; choice	13
学姐	xuéjiě	n.	senior female schoolmate	11
学期	xuéqī	n.	semester	8

Y

压力	yālì	n.	pressure	8
延期	yánqī	v.	to extend a time limit, to delay	14
羊肉	yángròu	n.	mutton	12
阳光	yángguāng	n.	sunshine	11
养	yǎng	v.	to raise	13
痒	yǎng	adj.	itching	4
要求	yāoqiú	n.	requirement, request	14
要不	yàobù	conj.	or, otherwise	12
爷爷	yéye	n.	grandfather	1
夜班	yèbān	n.	night shift	2
一切	yíqiè	pron.	everything, all	14
以为	yǐwéi	v.	to presume	9
一般	yìbān	adj.	general	3
一些	yìxiē	num.-m.	some, a number of	5
音乐	yīnyuè	n.	music	2
引起	yǐnqǐ	v.	to cause	7
饮料	yǐnliào	n.	drinks	5
营养	yíngyǎng	n.	nutrition	3
影响	yǐngxiǎng	v./n.	to affect; influence	7
勇敢	yǒnggǎn		adj.brave	10
用品	yòngpǐn	n.	articles for use	5
幽默	yōumò	adj.	humorous	1
尤其	yóuqí	adv.	especially	1
游乐园	yóulèyuán	n.	amusement park	11
有趣	yǒuqù	adj.	interesting, fascinating	12
有时	yǒushí	adv.	sometimes	4
于是	yúshì	conj.	whereupon, then	12
鱼	yú	n.	fish	12

愉快	yúkuài	*adj.*	delightful	13
羽毛球	yǔmáoqiú	*n.*	badminton	2
预产期	yùchǎnqī	*n.*	expected date of childbirth	1
预习	yùxí	*v.*	to preview	8
预约	yùyuē	*v.*	to make an appointment	15
原来	yuánlái	*adv.*	turn out to be	9
原因	yuányīn	*n.*	reason	7
愿意	yuànyì	*mod.v.*	to be willing to	13
阅读	yuèdú	*v.*	to read	7
云	yún	*n.*	cloud	11
允许	yǔnxǔ	*v.*	to permit, to allow	14

Z

再说	zàishuō	*conj.*	what's more	12
在……中	zài…zhōng		in, among	12
增长	zēngzhǎng	*v.*	to increase	7
张	zhāng	*m.*	used for papers, beds, desks, etc.	5
着	zháo	*v.*	used after a verb to indicate that a result has been achieved	11
着急	zháojí	*adj.*	anxious, worried	10
照	zhào	*v.*	to look into the mirror	12
照镜子	zhào jìngzi	*VO*	to see oneself in the mirror	12
真	zhēn	*adj.*	real	10
整形	zhěngxíng	*v.*	to reconstruct, to repair	14
正常	zhèngcháng	*adj.*	normal	7
证明	zhèngmíng	*v./n.*	to prove; certificate	14
政策	zhèngcè	*n.*	policy	13
支架	zhījià	*n.*	stand, holder	6
知识	zhīshi	*n.*	knowledge	15
直接	zhíjiē	*adj.*	direct	10
只	zhǐ	*adv.*	only	1
只要	zhǐyào	*conj.*	as long as	13
质量	zhìliàng	*n.*	quality	11

中	zhōng	*n.*	in	12
中介	zhōngjiè	*n.*	intermediary agent	9
中心	zhōngxīn	*n.*	center	15
中药	zhōngyào		n.traditional Chinese medicine	10
中医院	zhōngyīyuàn	*n.*	Chinese medicine hospital	10
重	zhòng	*adj.*	heavy	1
重视	zhòngshì	*v.*	to attach importance to	7
主要	zhǔyào	*adj.*	main	7
主意	zhǔyi	*n.*	idea	3
祝	zhù	*v.*	to wish	3
祝福	zhùfú	*v.*	to bless	3
专门	zhuānmén	*adv.*	specially	15
专业	zhuānyè	*n.*	major	8
专业课	zhuānyèkè	*n.*	specialized course	8
转	zhuàn	*v.*	to stroll	15
咨询	zīxún	*v.*	to consult, to seek advice from	6
自信	zìxìn	*adj./n.*	confident; confidence	14
总结	zǒngjié	*v.*	to sum up	13
总是	zǒngshì	*adv.*	always	7
走路	zǒulù	*v.*	foot	2
租	zū	*v.*	to rent	9
租金	zūjīn	*n.*	rental	9
嘴	zuǐ	*n.*	mouth	1
最好	zuìhǎo	*adv.*	had better	8
坐诊	zuòzhěn	*v.*	(of a doctor) to sit in a pharmacy or other fixed places to see patients	11
座	zuò	*m.*	used for a giant object	11
做客	zuòkè	*v.*	to be a guest	5
做梦	zuòmèng	*v.*	to dream	13

专名 Proper nouns

		C	
长江	Cháng Jiāng	the Yangtze River	15
重庆	Chóngqìng	Chongqing	15
出入境管理局	Chū-rùjìng Guǎnlǐ Jú	Exit-Entry Administration Bureau	14
春节	Chūn Jié	the Spring Festival	6
		D	
东山医院	Dōngshān Yīyuàn	Dongshan Hospital	15
		H	
HSK	HSK	Chinese level test	7
黄河	Huáng Hé	the Yellow River	11
黄河公园	Huáng Hé Gōngyuán	the Yellow River Park	11
		L	
刘一鸣	Liú Yīmíng	name of a Chinese lawyer, Zhang Jiale's boyfriend	1
		S	
三峡	Sān Xiá	the Three Gorges of the Yangtze River	15
		X	
西安	Xī'ān	Xi'an	15
		Y	
艺文	Yì Wén	name of a Chinese doctor, Wang Dong's wife	1
云南	Yúnnán	Yunnan	6
		Z	
张佳乐	Zhāng Jiālè	name of a Chinese nurse	1
中文	Zhōngwén	Chinese	14